選手

CLAYTON KERSHAW
LOS ANGELES DODGERS 2008-2025

PROLOGUE

클레이튼 커쇼가 메이저리그 역사에 갖는 의미

2012년 12월, 한화 이글스 소속 류현진의 LA 다저스 입단이 확정되었을 때, 국내의 많은 관계자들과 야구팬들은 '예습'에 여념이 없었다. 류현진이 마주할 환경을 미리 알아보기 위해 저마다 여러 자료를 찾았고, 가장 많은 맞대결을 펼칠 내셔널리그 서부 지구 소속팀들과 주요 선수, 도움을 주고받을 동료들을 분석하기 시작했다. 그리고 그 과정에서 반드시 언급되는 선수가 있었다. 바로 클레이튼 커쇼였다. 그가 얼마나 뛰어난 선수인지에 관한 질문이 뒤따르는 것은 당연한 일이었다. 그 의문은 단 한 경기로 풀렸다. 아니, 커쇼에 대한 한국 팬들의 첫인상은 그 어떤 선수에게서 느낀 것보다 강렬했다고 표현하는 것이 더 적절할 것이다. 당시 전년도 월드 시리즈 우승 팀이자 평생의 라이벌 구단인 샌프란시스코 자이언츠를 상대로 한 2013시즌 개막전에서, 커쇼는 100구도 채 던지지 않고 9이닝을 무실점으로 완봉하며 타석에서는 8회 말 이날 경기의 첫 점수이자 결승점에 해당하는 솔로 홈런까지 터뜨리는 '원맨쇼'를 펼쳤다. 오타니 쇼헤이가 메이저리그에 진출하기 훨씬 이전에, 커쇼는 이미 '선수 한 명이 투구와 타격 양면에서 경기를 지배할 수 있음'을 보여준 것이다. 류현진을 통해 메이저리그를 처음 접하거나 다시 입문하려는 팬들에게, 커쇼는 그 관문을 힘차게 열어젖힌 상징적인 선수였다. 우리는 운이 좋았다. 그해 커쇼는 커리어를 통틀어 가장 높은 승리 기여도를 기록할 만큼 압도적인 경기력을 보였고, 통산 두 번째 내셔널리그 사이 영 상을 받았다. 이듬해인 2014년에는 사이 영 상뿐만 아니라 리그 MVP까지 수상하며 야구 역사를 대표하는 선수 중 한 명으로 입지를 공고히 했다. 2015년에는 커리어 유일의 300탈삼진 시즌(301개)을 기록했고, 이후 부상으로 예전 같지 않다는 평가를 받던 아홉 시즌 동안에도 다섯 차례 리그 올스타에 선정되는 등 꾸준한 경기력을 보여주었다. 악연이었던 가을 야구도 그의 나이 서른 이후 비로소 풀리기 시작했고, 이 책의 첫 발행일 기준으로 두 차례 월드 시리즈 우승을 차지하며 '모든 것을 가진 선수'로 기억될 수 있게 되었다.

그러나 여전히 우리는 커쇼에 대해 다 알지 못한다. 누구보다 성실하고 자부심이 큰 선수였지만, 깊은 속내를 잘 드러내지 않고 경기 외적인 부분에 대해선 거의 언급하지 않았기에, 한 사람으로서의 커쇼는 여전히 많은 부분이 베일에 가려져 있다. 이번 〈선수〉 시리즈 커쇼 편에서는 선수로서 그가 쌓아 올린 업적과 관련 데이터를 비롯해 현지 여러 매체에서 오랜 시간에 걸쳐 보도하고 수집한 자료를 함께 찾아 담아내고자 노력했다. 메이저리그 역사에 길이 남을 커쇼에 대해 조금 더 깊고 널리 알릴 수 있다면, 저자로서 이보다 더 큰 기쁨은 없을 것이다.

CONTENTS

6   프롤로그 : 클레이튼 커쇼가 메이저리그 역사에 갖는 의미

Dallas Prospect 치킨 핑거를 좋아하는 야구 유망주

12   부모님 : 음악과 미술이 악연일 수 있다면
16   STORY | 리틀 야구왕과 칼리의 루틴
20   아내 : CTonga06, 그리고 EllenMelon87
24   유년기 : 22번을 좋아하는 댈러스의 어린아이
28   학창 시절 : 프로 선수를 꿈꾸다
31   STORY | 이 자식, 대체 누구야?
32   졸업반 : 이보다 더 완벽할 수 없는 시즌
34   STORY | 운명을 바꾼 '하나, 둘, 셋' 투구폼
38   RECORD | 전타자 삼진 퍼펙트 게임

Minor Leaguer Kershaw 마이너리그의 지배자

42   운명의 드래프트 : 2006
46   RECORD | 다저스의 전화위복, 2005년 유망주 계약 실패
48   STORY | '예비 1라운더' 커쇼가 겪은 황당한 경험들
50   가장 주목받는 고졸 투수 : 다저스의 1지망
54   STORY | '목돈' 230만 달러
56   COLUMN | '커쇼 거르고 OOO'…그들은 왜 다른 선수를 지명했나
64   마이너리그 : 마이너리그를 폭격한 커쇼의 숙제
68   STORY | 트레이드 '매물'이 될 뻔했던 마이너리거 커쇼
70   메이저리그 승격 : 조기 졸업, 빅리그로
74   RECORD | 2008년 메이저리그 승격 당시 커쇼의 마이너리그 통산 주요 성적
75   RECORD | 클레이튼 커쇼 통산 마이너리그 성적

The Ace of the Dodgers 리얼 메이저리거, 에이스가 되다

78		커쇼의 메이저리그 데뷔전 : 호락호락하지 않은 메이저리그
80	COLUMN	수비부터 견제, 그리고 타격까지 만능 커쇼
81	COLUMN	커쇼의 구종 특징과 플라이볼 혁명
86	STORY	구로다 히로키와의 인연, 그리고 팀 퍼스트
90		다저스의 에이스로 : 메이저리그 최상급 투수로 성장하다
94	RECORD	사이 영 상 4회 이상 수상자들
98	STORY	그 시절, 우리가 좋아했던 트리오
102	RECORD	LA 다저스 역대 레전드 투수

3,000Kershaw 3,000탈삼진 커쇼, 역사를 쓰고 역사에 남다

106		플레이오프 : 부상에 빠진 커쇼의 분투기
110	COLUMN	포스트시즌에서 악몽, 그래도 해피엔딩
118	RECORD	LA 다저스 소속 투수의 사이 영 상 수상 현황
132		다저스의 상징 : 에이스의 마지막 여전
140	STORY	커쇼와 오타니의 첫 맞대결
142	RECORD	클레이튼 커쇼 상대 통산 타율 순위 (30타석 이상 맞대결한 타자 한정)
144	RECORD	클레이튼 커쇼 상대 통산 최저 타율 순위 (타석 기준 50차례 이상 맞대결한 타자 한정)
146	RECORD	주요 부상 일지
148	COLUMN	3000K의 길
152	STORY	클레이튼 커쇼의 메이저리그 정규시즌 마지막 등판

156	에필로그

Dallas

치킨 핑거를 좋아하는 야구 유망주

클레이튼 커쇼는 어머니와 아내의 도움으로 야구의 꿈을 키워 나갔다.
커쇼는 중학생 때부터 자신의 재능을 발견했고, 야구의 본질을 터득하며 꿈을 키워나간다.
그러나 커쇼는 열악한 환경에서 생활하며, 자신에게 있어서 야구는 단순히 좋아하는 스포츠가 아니라
성공을 위해 택해야 하는 방법이라는 것을 깨닫게 되며, 프로의 길을 선택하게 된다.

Prospect

> 일본에 있을 때, 커쇼가 던지는 모습을 TV로 많이 봤다.
> 직접 상대하니 느낌이 다르다. 아직 캠프 기간이지만,
> 그를 상대할 수 있어서 정말 특별한 순간이었다.

_ 오타니 쇼헤이 2018년 시범경기에서 커쇼를 처음 상대하며

PARENTS

부모님 : 음악과 미술이 악연일 수 있다면

조지 클레이튼 커쇼George Clayton Kershaw는 2차 세계대전 중 호주에 주둔하면서, 훗날 자신의 아내가 될 앨리스 아이린 에반스Alice Irene Evans를 만났다. 1943년에 결혼한 그들은 6년 후 미국 맨해튼에서 아들을 얻게 되었는데, 40대에 접어든 조지는 직업을 바꾸어 목사의 길을 택한다. 자신이 나고 자란 텍사스로 돌아간 그는, 이후 평생을 댈러스에서 목회자의 삶을 살았다. 아들은 아버지의 영향을 크게 받았다. '목사의 아들' 크리스토퍼 조지 클레이튼 커쇼Christopher George Clayton Kershaw는 교회 합창단 활동을 시작으로, 고교 시절에도 포크 송 클럽의 회장을 맡는 등 음악과의 연을 이어갔다. 대학에서도 음악 이론 및 작곡 학위를 취득한 그는, 키보드 및 베이스 기타 연주자로 활동했으며 여러 광고 음악을 작곡하는 등 스튜디오 제작자로서도 활동했다.

그리고 1980년대 어느 날, 디자인을 전공한 뒤 광고 대행사의 크리에이티브 디렉터로 일하고 있던 한 여성을 알게 된다. 마리안 루이스 톰보Marianne Louise Tombaugh. 야구 역사상 가장 위대한 투수 중 한 명으로 성장하게 되는 클레이튼 에드워드 커쇼Clayton Edward Kershaw의 부모는 그렇게 인연을 맺게 되었다. 하지만 세상일은 음악과 미술처럼 아름답지 못했다. 수입이 일정하지 않은 뮤지션이었던 크리스토퍼 커쇼는 주머니 사정이 넉넉지 않았다. 나중에는 음주 문제까지 심각해졌고, 잦은 이사와 함께 부부는 각방을 쓸 정도로 사이가 나빠졌다. 훗날 클레이튼 커쇼는 "결국 아버지와 어머니가 거실로 나를 불러내서는 두 분이 이혼한다는 사실을 알려주었다"라며 당시의 경험이 '끔찍했다'라고 회상하기도 했다. 당시 커쇼의 나이는 열두 살이었다. 이후에도 커쇼의 어려움은 끝나지 않았다. 오히려 더 심각해졌다고 보는 것이 맞을 것이다. 텍사스주 댈러스에 속한 고급 주택가, 하이랜드 파크Highland Park에 살고 있었기에 그가 중산층 이상의 환경에서 자란 것처럼 보일 수 있다. 하이랜드 파크에 대한 세간의 인식은 한 대학 코치가 "만일 수천 마일 떨어진 곳에 살고 있는 관계자가 '하이랜드 파크에 잘 던지는 학생 투수가 있다'라는 이야기를 들으면, '그 친구 분명 버릇없이 자란 부잣집 도련님이겠네' 하는 편견이 바로 튀어나올 것"이라고 말한 점에서도 쉽게 확인할 수 있다. 하지만 정작 커쇼와 그의 어머니는 학업과 운동 양면에서 '기회의 땅'인 그곳에서 생활하기 위해 세입자의 삶을 살았고, 수입이 많지 않았기에 경제적인 어려움이 해가 갈수록 더해지고 있었다. 좋은 여건에서 아이를 키우고 싶은 부모의 마음은 여러 불가능을 가능케 했지만, 결국 커쇼가 고학년이 될 때쯤엔 인근 지역으로의 이사를 피할 수 없었다. 교육 환경이 좋은 하이랜드 파크의 수혜를 누릴 수 있기를 바란 어머니의 끝없는 배려와 노력이 아니었다면, 커쇼의 성장기는 다른 모습이었을 수도 있다. 한편, 부부로서의 연은 끝이 났지만, 아버지의 역할은 계속 해야 했음에도, 크리스토퍼는 아들을 맡아야 할 날에 지각을 하는 등 아버지의 역할에 충실하지 않았다. 클레이튼 커쇼는 훗날, 어린 시절 경기장에 가야 하는 날에 자신을 데리러 줄 차례가 어머니가 아닌 아버지였을 때는 시간을 맞추지 못할 것 같다는 큰 불안을 느꼈고, 그 탓에 모친에게 '차라리 경기 예정보다 몇 시간 일찍 미리 데려다 달라'고 했을 정도로 강박이 있었다고 털어놓기도 했다. 아버지는 아이가 있는 다른 여성과 재혼했고, 고등학교 고학년이 될 즈음 부자의 관계는 크게 소원해졌다. 아버지의 부재는 아내와 아들에게 큰 영향을 끼쳤다. 그래픽 디자이너였던 어머니 매리앤은 생활비를 벌기 위해 대부분의 시간을 일하며 보냈고, 아들 커쇼는 친구의 집에서 끼니를 해결하며 혼자 살아가는 법을 배워야 했다. 이 책의 뒤에서 다시 언급하겠지만, 커쇼는 성장할수록 집안 사정이 넉넉지 않을 뿐 아니라 빚이 많다는 것을 깨닫게 되었고, 자신이 프로 지명을 받지 못하면 큰 화가 닥칠 것이란 생각에 선수로서의 성공에 대한 집착이 더 커지게 된다. 다행히 커쇼는 훗날 2006년 신인 드래프트에서 전체 7순위 지명과 함께 LA 다저스로부터 230만 달러의 계약금을 받게 되는데, 당시 그가 가장 먼저 한 일 중의 하나는 이 돈으로 집안의 빚을 갚는 것이었다. 그리고 그가 감당해야 했던 일에는 '돈 좀 보내줄 수 있느냐'라는 아버지의 전화를 받는 것도 포함되어 있었다. 이제는 그 자신이 아버지가 된 클레이튼 커쇼가 늘 가족을 중요하게 여기는 이유가 여기에 있다. 그는 평생의 인연을 만나 가정을 이루기로 결심했을 때, 결코 자신의 아버지처럼 되지 않겠냐고 다짐했다고 한다. 학생 선수로 뛰던 시절, 관중석에선 찾아볼 수 없었던 자신의 아버지처럼 되지 않기 위해, 지금도 커쇼는 아이들의 경기에 직접 참석하는 것을 일상의 최우선 순위로 삼고 있다. 선수로서의 커쇼의 행선지를 두고, 매년 겨울 텍사스 레인저스가 유력 후보군으로 떠오른 이유도 그 때문이다. 대대손손 댈러스에서 거주해 온 커쇼가家처럼, 클레이튼 커쇼는 지금도 하이랜드 파크에 집을 두고 살고 있다.

STORY

리틀 캘리의
야구왕과 루틴

커쇼는 야구장에선 슈퍼스타이지만 가정에서는 네 아이의 아버지다. 2015년에 첫째 딸 캘리에 이어 2016년에는 아들 찰리가 태어났다. 그리고 2020년에는 쿠퍼를, 2021년에는 제임스를 얻었다. 아이들이 태어나면서 가정에서 해야 할 일도 많아져 야구에 집중하는 데 지장을 줄지도 모른다고 걱정하는 팬도 꽤 있다. 하지만 실제로는 그렇지 않다고 한다. 그 이유는 선발 투수의 특수함 때문이다. 선발 투수는 불펜 투수와 달리 등판하는 날이 정해져 있어 그날에 맞춰 몸을 관리하고 준비하면 되기 때문이다. 기본적으로 매일 대기하는 불펜 투수 속에서도 '급'이 나뉜다. 3점 이내로 앞선 상황에서 9회에 등판하는 마무리 투수는 경기 상황에 맞춰 등판 준비를 할 수 있다. 반면, 미들맨은 선발 투수의 상태에 따라 벤치의 지시로 준비하는 만큼 여유가 없다. 그래서 불펜 투수는 누구나 마무리 투수를 목표로 삼는다. 자신이 언제 경기에 나갈지 알 수 있다는 게 중요하므로, 2연투를 한 불펜 투수에게 오늘 등판은 없다고 미리 알려주는 것과 같은 일정의 사전 고지는 매우 중요하다. 그런데 준비할 시간이 많은 선발 투수가 무조건 좋은 것은 아니다. 야구는 매일 경기하는 스포츠인만큼, 오늘의 결과를 빨리 잊는 게 중요하다. 오늘 잘 치거나 잘 던졌든, 혹은 못 치거나 못 던졌더라도, 그 결과를 빠르게 잊고 내일 경기를 준비해야 하기 때문이다. 그런 점에서 기본적으로 4일 휴식 후 출장하는 선발 투수는 시간이 많은 만큼 앞 경기 결과를 잊는 게 쉽지 않다.

리틀 야구왕과 캘리의 루틴

커쇼 역시 마찬가지였다. "투구 내용이 나쁘거나 크게 패한 날은 몇 시간, 혹은 며칠에 걸쳐 부정적인 생각에 빠지곤 했다. 선발 투수는 5경기에 한 번 뛴다. 그러므로 부진했을 때는 며칠이나 고민에 빠지는 등 마음을 다잡는 게 쉽지 않았다. 꽤 오랜 시간 동안 부정적인 생각들이 머릿속을 떠돌았다." 그런데 아이가 태어나고 나서는 그런 고민을 할 틈이 없었다. "아이들은 내가 어떤 투구를 했는지 알지 못하고, 함께 놀려고 했다"라며 "그렇게 몇 시간을 보낸 후 잠자리에 듦으로, 부진한 투구를 떠올리지 않고 지내게 됐다"라고 밝혔다. 책임감이 강한 선수라서, 경기에 진 후 웃는다는 것은 생각도 하지 못했는데, 아이들과 함께 놀면서 웃는 자신을 깨닫고 깜짝 놀랐다고 한다. 그렇다고 해서 부진한 결과가 마음속에서 완전히 사라진 것은 아니다. 단지 그것을 오랫동안 생각하지 않게 됐고, 여유롭게 대처할 수 있게 됐다. "지금도 부진한 투구를 한 날을 떠올리면 기분이 나빠진다. 하지만 그 부진을 주변 사람들에게 영향을 주거나 사랑하는 사람들과의 만남에 지장을 주지 않도록 할 수 있게 됐다." 이처럼 커쇼는 아이들과 함께하면서 오히려 야구에 더 집중할 수 있게 됐다고 한다. 둘째 아들 찰리는 다저 스타디움에서 러닝 하는 것을 즐기고, 공 던지는 것을 보면 누가 봐도 야구 선수의 아들이라는 점을 알 수 있다. 영화도 '리틀 야구왕The Sandlot'을 좋아할 정도다. 그런데 첫째 딸 캘리는 더욱 야구 선수 같은 모습을 가지고 있다. 캘리는 잠자기 전 확실한 루틴을 갖고 있다. "캘리의 침대 옆에서 책을 꼭 2권 읽어준 후, 노래도 두 곡을 불러야 한다. 그리고 2분간 가만히 있다가 아이 방을 나가야 한다." 이 루틴을 순서대로 지켜야만 캘리는 꿈나라에 빠져들었다. 순서를 바꾸거나 루틴을 모두 소화하지 않고 방을 떠나려고 하면 캘리는 "내 루틴이 안 끝났잖아요. 아직 남아 있는 게 있으니까, 방을 나가지 말아요."라고 말했다고 한다. 선발 투수에 걸맞은 명확한 루틴을 가진 게 첫째 딸이다.

WIFE

아내 : CTonga06, 그리고 EllenMelon87

한때 미국에서 가장 많이 사용되었던 메신저 프로그램, AOL(초창기 시절에는 'America Online'이라고 불렸던)은 2003년 당시 고등학생이었던 커쇼에게도 삶에서 빼놓을 수 없는 필수 존재였다. 어린 시절 사용했던 별명 중 하나인 '클레이 통가Clay Tonga'를 활용한 아이디 CTonga06을 사용했던 커쇼는, 메신저에서 알게 된 학교 풋볼(미식축구) 팀 치어리더 'EllenMelon87' 엘렌 멜슨Ellen Melson과 메시지를 주고받느라 매일 행복했다고 한다. 사물함 앞에서 고백하며 정식으로 인연을 맺은 둘의 관계를 두고, 지금은 아내가 된 엘렌은 '주님의 선물'이라는 표현을 하기도 했다. 둘은 서로에게 선물 같은 존재였다. 커쇼의 유년기에 대해 다룰 때 조금 더 자세히 다루겠지만, 커쇼가 풋볼을 포기하고 야구에 집중하기로 했을 때 엘렌은 야구 치어리더에도 자원하며 애정을 쏟았다.

당시 교내 야구팀의 경우, 각 선수는 '야구 소녀들baseball girls'이라고 하는 서포터 그룹을 배정받았는데 엘렌이 여기에 나선 것이다. 그녀와 친구들은 야구 경기가 있는 날엔 커쇼의 유니폼을 입으며 그를 응원했고, 특히 엘렌은 손수 쿠키 등 여러 간식을 만들어 남자 친구에게 선물해 주는 정성을 쏟았다. 이처럼 커쇼와 엘렌의 사이가 깊어질수록 그들의 신앙 또한 더욱 무르익었다. 엘렌을 만나기 전에도 커쇼는 일요일마다 교회에 나가고 주일학교 수업을 들었지만, 자신을 특별히 신앙심이 깊은 사람으로 여기진 않았다. 그랬던 커쇼를 바꾼 것은 엘렌이었다. 그녀의 가족은 몹시 깊은 신앙심을 갖고 있었고, 엘렌은 예배에 그치지 않고 일기장에도 기도를 적을 정도로 깊은 신앙심을 갖고 있었다. 커쇼에 대해 다룬 평전 『더 라스트 오브 히스 카인드The Last of His Kind』에 '엘렌에게 하나님은 잉크나 종이 없이도 답장을 보내주는 펜팔 친구 같은 존재였다'고 대목이 있을 정도였다. 자연스레 이들의 관계는 학교뿐 아니라 교회로 이어지게 됐다. 그리고 엘렌은 커쇼가 하나님을 친구이자 사랑이 넘치는 아버지, 그리고 미래를 믿고 맡길 수 있는 존재로 보도록 설득했다. 이런 노력은 당시 경제적 불안감에 맞서 싸워야 했던 커쇼에게 큰 공감을 불러일으켰다. 모든 것이 불확실한 시절, 누군가 자신을 지지해 줄 것이라는 점은 커쇼에게 큰 위안이 되었다. 커쇼는 엘렌과 함께 성경 공부 모임에 참여하며 더 큰 믿음을 갖게 되었다. 이처럼 같은 학교와 교회에서 '하나'가 된 그들이었지만, 사실 둘이 자란 환경은 너무도 달랐다. 엘렌의 아버지 짐 멜슨Jim Melson은 대학원을 졸업하고 회계사로 근무했고, 어머니 레슬리 롱Leslie Long은 유복한 사업가의 딸이었다. 넉넉한 환경 속에 자라 늘 베푸는 집에서 성장했던 엘렌은, 지인들을 초대하는 것이 일상이었던 덕에 식탁은 항상 12인분이나 15인분을 준비했다고 말하기도 했다. 재미있는 것은, 여러 사람을 만나온 엘렌의 부모님도 '딸 남자친구' 커쇼를 처음 초대했을 때는 내심 매우 놀랐다고 말한 것이다. 당시 커쇼는 야구뿐 아니라 풋볼을 병행하고 있었는데, 당시 팀에선 시즌의 의식 중 하나로 머리 한편에 자신의 등번호를 깎아 넣는 헤어스타일이 유행했다. 세상 누구보다 소중한 딸이 머리 한쪽에 '52'를 깎아 넣은 남학생을 데려왔고, 그 학생이 공식적인 첫 데이트 때 영화관에 가겠다며 스릴러 영화 〈데이비드 게일The Life of David Gale〉 티켓을 사달라고 부탁하는 것을 봐야 했던 아버지의 마음은 어땠을까. 적어도 그 순간만큼은 눈앞에 있던 혈기 왕성한 10대 청소년이 역사상 가장 위대한 투수가 될 것이라곤 생각하지 못했을 것이다. 엘렌의 부모는 커쇼의 결핍을 채워주었다. 특히 훗날 자신의 '장모'가 되는 엘렌의 어머니는 커쇼에게 더욱 각별한 마음을 갖게 됐다. 저녁 식사 자리에서 허겁지겁 식사하는 그를 보며 집밥을 챙겨 먹지 못하는 일이 잦다는 것도 알게 되면서 더 자주 '딸 남자친구'를 집에 초대했고, 학교 댄스파티 때 자신의 딸을 데리러 온 커쇼의 신발에 구멍이 난 것을 발견하고는 다음날 구두를 선물해 주었다는 일화도 있다. 오죽하면 엘렌의 아버지는 "내 아내는 커쇼를 우리 집안의 다섯 번째 아이처럼 받아들였다." 했을까. 멜슨 가족은 커쇼의 따뜻한 품성을 알아봤고, 저녁 식사 초대뿐 아니라 가족 여름 휴가지까지 데려갔다. 그해 겨울, 크리스마스를 앞두고 멜슨 가족의 거실 벽난로 위에는 예년 대비 양말이 하나 더 걸려있었다. 그리고 그 양말엔 '다섯 번째 아이' 커쇼의 이름이 새겨져 있었다.

CHILDHOOD

유년기 : 22번을 좋아하는 댈러스의 어린아이

피자와 치킨 핑거를 좋아했던 어린이, 커쇼가 야구에 빠져든 계기는 야구광인 이웃 덕분이었다. 어머니의 친구들이었던 메예런Mayeron 부부 중 남편 존John은 야구와 관련된 카드, 책, 각종 기념품을 모으는 엄청난 수집가였다. 가끔은 어린 커쇼를 데리고 지역 메이저리그 팀 텍사스 레인저스 경기를 보러 다녔는데, 커쇼가 22번을 등번호로 사용하는 이유는 당시 팀의 1루수였던 윌 클락Will Clark의 팬이 되었기 때문이었다. 커쇼는 단순히 야구를 좋아하기만 한 것이 아니었다. 또래 대비 탁월한 기량을 보여준 그가 댈러스 지역 최고의 유망주가 되기까진 그리 오랜 시간이 걸리지 않았다. 흥미로운 것은, 당시 함께 야구를 했던 이들이 커쇼를 가리켜 처음에는 체격적으로 그리 특별한 부분이 없는 선수였다고 회상한다는 것이다. 보통 어린 나이에 스포츠에서 두각을 드러내는 이들은 대부분 더 빠르고, 더 힘이 센 경우이다. 하지만 커쇼는 또래들과 크게 다르지 않은 체격 조건, 거의 비슷한 구속을 던졌지만 '본질'이라 할 수 있는 '타자를 아웃시키는 기술'에 탁월했다는 것이다.

힘만 앞세우는 것이 아니라, 중학생 무렵에 이미 대단히 뛰어난 제구력에 빼어난 커브를 던졌다는 공통적인 증언이 있다. 전국에서 손꼽히는 고교 유망주들과 함께 참여한 토너먼트 대회Tournament of States에서 커쇼의 커브를 상대했던 드와이트 차일즈Dwight Childs는 "한 번도 본 적 없는 커브였다. 공이 구름을 뚫고 올라갔다가 내 무릎으로 내려왔다"라며 엄청난 낙폭을 회상하기도 했다. 어린 나이에 투수로서 좋은 토대를 갖고 있었고, 이후 체격적으로도 큰 성장이 뒤따르며 압도적인 선수가 되었지만, 커쇼의 성공의 밑바탕엔 어머니의 역할도 컸다. 매리앤은 남편과의 이혼 후 생활비를 위해 쉬지 않고 일을 했지만, 하이랜드 파크 지역에 머물기 위해선 더 많은 돈을 필요로 했다. 결국 가족과 지인들에게 돈을 빌리기 시작했는데, 여름 야구팀● 출전을 위한 '뒷바라지'를 병행하다 보니 경제적 어려움은 더욱 악화되었다. 댈러스뿐 아니라 휴스턴, 콜로라도, 시카고 등등 여러 지역을 돌아다니며 경기를 뛰어야 하는 탓에 숙박 등 대회 참가비용이 만만치 않았다. 하지만 커쇼의 성품과 재능을 알고 있었던 지인들은 온정을 베풀었다. 지역 학생 선수들을 후원하는 한 야구 아카데미의 대표는 커쇼의 처지를 딱하게 여겼고, 다른 학부모들과 함께 십시일반으로 그의 여름 야구 비용을 지원했다. 커쇼 자신도 어느 순간에는 그들의 후원을 알아차렸다. 훗날 커쇼는 "확실히 아는 것은 아니지만, 우리 집이 원래 내야 했던 금액보다 훨씬 더 싼 가격에 뛰게 해줬다는 걸 알고 있었다"라며 주변의 도움에 대한 감사의 뜻을 밝히기도 했다. 특히 어머니 매리앤에 대한 고마움은 커쇼 자신의 등장 곡을 영화 〈메리에겐 뭔가 특별한 것이 있다There's Something About Mary〉로 다시 인기를 얻은 곡 〈Build Me Up Buttercup〉을 고른 것에서도 알 수 있다. 어머니가 좋아하는 노래였기 때문이다. 하지만 고등학교 고학년이 될수록 커쇼의 야구는 노래처럼 즐겁고 희망적이지만은 않았다. 자신의 성장기를 두고 '열 살 때까지는 좋았다'라고 말한 것도 그 이후 10대의 삶이 고단했기 때문이었다. 넉넉지 않은 집안 형편, 아버지의 부재 속에서 야구는 '탈출구'의 역할을 했지만 동시에 압박감을 주기 시작했다. 자신의 재능을 알아차리면서 '직업'으로서의 야구를 생각하게 되었기 때문이다. 예전처럼 즐겁게 뛰는 것에서 끝내는 것이 아니라, 상대를 압도하는 경기력으로 대학과 프로팀의 눈도장을 받아야 한다는 것을 깨닫게 된 것이다.

●
미국에선 학교 소속으로 뛰는 것 외에 사비를 들여 이런 '투어 팀', 혹은 '트래블 팀' 소속으로 거주 지역을 넘어선 다양한 대회에 참가하는 경우가 많다. 이런 활동을 두고 '트래블 볼을 뛴다' 등으로 표현하기도 한다. 여러 지역에서 온 뛰어난 학생 선수가 많기에 그들과의 경쟁을 통해 실력 향상 및 동기 부여를 도모하는 것이다. 보통 이런 투어 팀, 트래블 팀이 여름에 구성되는 이유는 방학이 있기 때문이다. 학기 중에는 학교 및 지역 리그에 출전할 수 있지만, 여름엔 뛰고 싶어도 뛸 경기가 없다. 이런 점에 착안해 미국 전역에선 각종 유소년 야구 대회가 각지에서 개최되며, 대학 및 프로팀 스카우트들이 가장 바쁜 시기이기도 하다.

SCHOOL DAYS

학창 시절 : 프로 선수를 꿈꾸다

커쇼의 선수로서의 재능은 야구에 국한되지 않았다. 풋볼(미식축구)에도 큰 애정을 갖고 있었던 그는, 2002년 무패 기록을 세운 팀에서 일익을 담당했다. 문제는, 비교도 되지 않는 '신동'이 같은 팀에 있었다는 것이다. 1988년생 동갑내기, 매튜 스태퍼드가 그 주인공이었다. 스태퍼드는 고등학교 진학 전에 이미 엄청난 비거리의 패스를 뿜어내는 최고의 쿼터백 유망주였고, 중학교 시절 단 한 경기에서도 져본 적이 없는 선수였다. 신입생 시절부터 이미 주전으로 활약한 스태퍼드는, 훗날 주 챔피언십에서 우승하고 대학 풋볼에서 뛰고 싶다던 자신의 바람은 물론, 2022년 LA 램스 소속 쿼터백으로 활약하며 슈퍼볼 우승 트로피까지 들어 올린다. 풋볼에서 포지션은 달랐지만, 이런 재능이 있는 선수를 보며 자신의 한계를 느꼈기 때문일까. 풋볼을 사랑했던 커쇼는 야구 선수로의 전념을 택한다. 게다가 풋볼에서 자신의 포지션이었던 라인맨으로 성공하기 위해선 몸을 더 불려야 했는데, 이는 체격이 '옆'이 아닌 '위'로 자라야 했던 야구와는 반대되는 것이었다. 게다가 풋볼팀은 비시즌에도 훈련에 합류해야 했기에 야구 시즌을 치르려는 커쇼의 의지와 상충되었다. 게다가 커쇼에겐 '빚'이 있었다. 자신을 뒷바라지하는 어머니가 지인들에게 빌린 돈을 갚기 위해선 성공 가능성이 높은 편을 택해야 했다. 고등학교 졸업반이었던 2006년, 커쇼는 어느새 드래프트 기대주 중 한 명이 되어 있었다. 좋은 성적을 낸다면 프로팀의 상위 지명을 받아 거액의 계약금을 받을 수 있었다. 하지만 졸업반 시즌 때 부진하거나, 최악의 경우 부상이라도 당하는 날엔 그 자신 뿐 아니라 집안의 미래가 불투명해지는 상황이었다.

CLAYTON KERSHAW

커쇼가 그때를 두고 "내게 야구는 더 이상 스포츠 경기가 아닌 '미래'가 됐다. 어머니는 내 친구 부모님들에게까지 돈을 빌린 상황이었다"라고 말한 것에서 그가 느낀 부담을 짐작해 볼 수 있다. 그런 절박한 상황 속에서 커쇼와 어머니는 많은 에이전트와 미팅을 가졌다. 과거 아마추어 선수는 규정상 금전적 이익을 위해 에이전트와 계약할 수 없었지만, 계약 협상을 위한 도움이 필요했기에 '에이전트' 대신 '조언자advisor'라는 직함 내에서 조언을 받는 기이한 구조가 있었다. 공식적인 계약 관계가 없이 선수 본인이나 그의 부모에게 조언한다는 것인데, 실제 프로팀과의 계약이 성사되면 그 조언자는 공식 에이전트로 신분이 '전환'되는 독특한 형태였다. 좋은 유망주에게 '조언'을 해주고 싶어 하는 에이전트는 많았지만, 커쇼 가족이 택한 인물은 텍사스를 기반으로 하는 에이전시인 헨드릭스 스포츠 매니지먼트Hendricks Sports Management였다. 이 회사는 과거 지역 '레전드' 선수였던 로저 클레멘스Roger Clemens와 앤디 페티트Andy Pettitte를 고객으로 두기도 했다. 사실 커쇼에게 '조언자'가 되어주겠다며 나타난 인물 중엔 그 유명한 에이전트, 스캇 보라스Scott Boras도 있었다. 하지만 보라스는 고교 졸업 후 프로 직행이 아닌 대학 진학을 권유한 탓에 커쇼의 마음을 얻지 못했다. 대부분의 구단은 고졸 투수에게 거액의 계약금을 주는 것을 꺼렸기에, 일단 대학에 간 뒤 '대학생' 신분으로 드래프트에 나서면 더 큰 금액을 노릴 수 있다는 계산이었다. 합리적인 제안이었지만 커쇼에겐 그럴 여유가 없었다. 커쇼는 당장의 돈이 필요했고, 학비가 저렴한 대학에 다닐 형편마저 되지 않는다는 것을 알고 있었다. 미국의 명문 대학 중 하나인 스탠포드Stanford는 커쇼에게 '90% 장학금'을 주겠다며 입학을 제안했지만, 학교가 위치한 곳은 미국에서 가장 생활비가 많이 드는 곳 중 하나인 팔로 알토Palo Alto라는 점이 문제였다. 보기 드문 '전액 장학금'을 제시한 학교도 있었다. 인근 대학인 텍사스 A&MTexas A&M University, 그리고 오클라호마 주립대Oklahoma State University가 그들이었다. 그럼에도 커쇼는 여전히 대학행에 회의적이었다. 전액 장학금을 받더라도 대학 생활에 드는 비용이 많다는 것이 문제였다. 그럼에도, 커쇼는 내색하지 않고 실제 대학행도 고려할 수 있는 것처럼 행동했다. 보통 고등학교 졸업 예정 선수들은 자신의 '조언자'들과 함께 드래프트 전략을 짤 때, 대학행을 구단과의 협상에 있어 '지렛대'로 사용하곤 한다. '우리는 이 정도의 액수를 원하고, 만일 맞춰주지 않는다면 대학에 갈 겁니다' 하는 식이다. 이 전략을 통해 커쇼는 100만 달러 이상의 제안만 받아낼 수 있다면 순순히 받아들일 생각이었다. 지금 생각해 보면 커쇼의 목표치가 너무 낮았다고 생각할 수 있지만, 아마추어 유망주를 전문으로 다루는 유서 깊은 매체 〈베이스볼 아메리카Baseball America〉는 2005년 12월에 발표한 포지션 불문 '고등학교 선수 랭킹'에서 커쇼를 32위에 올려놓았다. 드래프트에 함께 참여하는 대학 선수들이 있음을 고려하면 이 순위는 더욱 낮아질 것이기에 커쇼는 자신의 목표 금액을 더욱 보수적으로 설정할 수밖에 없었을 것이다.

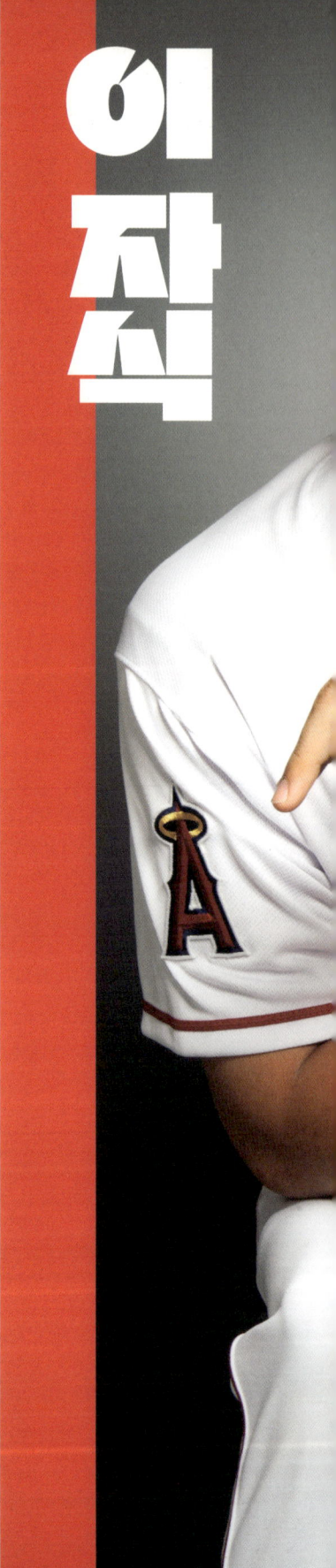

대체 누구야

한국 이름 '최현'으로도 잘 알려진 한국계 미국인 전 메이저리거 행크 콩거는 촉망받는 포수 유망주였다. 캘리포니아 헌팅턴 비치 출신의 그는, 아마추어 유망주를 전문으로 다루는 유서 깊은 매체 〈베이스볼 아메리카Baseball America〉를 구독하며 자신의 또래 선수들에 대한 여러 정보를 꿰고 있었다. 그러던 2005년 여름, 미국 청소년 야구 대표팀 선발을 위해 정상급 고교 선수들이 전역에서 모여들었다. 당시 철저한 '예습'을 해 둔 콩거가 주목했던 투수는 브렛 앤더슨이었다. 고등학생임에도 이미 완성형의 투수라는 평가를 받았고 한 대학 코치는 당시 앤더슨을 두고 "파리의 엉덩이도 맞힐 수 있는 정교한 제구력"이라 극찬하기도 했다. 콩거 역시 그의 제구력을 가장 높게 평가하며, 앞으로 있을 신인 드래프트 상위 10순위 내에 앤더슨이 지명될 것이라는 전망을 믿었다. 그러던 어느 날, 콩거는 낯선 이름의 좌완 투수의 공을 받게 됐다. 〈베이스볼 아메리카〉 매거진에서 본 적은 있지만 두드러지는 이름은 아니었다. 그도 그럴 것이, 당시 그 좌완 투수는 소속 학교에서도 '3선발' 투수였다. 당당한 체격 조건에 99마일까지 뿌리던 조던 월든Jordan Walden이 1선발이었고, 2선발의 자리는 이미 메이저리그에서 통할 수준이라는 슬라이더를 갖고 있었던 션 톨레슨Shaw Tolleson의 차지였다. 그 나이대에 압도적인 기량을 갖춘 투수가 같은 학교에 두 명이나 있었으니, 커쇼가 조명을 받지 못하는 것은 어쩌면 당연한 일이었다. 이날 공을 받기 전 읽은 스카우팅 리포트에도 '괜찮은 구속. 약간의 불안정함. 그리고 낙차 큰 커브' 정도만이 적혀 있었다. 나쁘지 않은 투수 정도라고 생각했던 콩거는, 곧 자신이 겪어본 적 없는 새로운 경험을 하게 된다. 패스트볼은 살아 움직였고, 커브는 망치로 힘차게 내려찍는 것처럼 강렬한 궤적과 구위를 갖고 있었다. 태어나서 받아본 적 없는 공을 던지는 투수를 두고, 왜 이런 선수가 그렇게 박한 평가를 받는지 이해하지 못했다. 그렇게 커쇼의 공을 처음 겪어본 콩거는 당시의 심정을 이렇게 회상했다. "이 자식, 대체 누구야?"

SCHOOL DAYS

졸업반 : 이보다 더 완벽할 수 없는 시즌

졸업 연도 시즌 성적은 커쇼의 야구 인생에서 가장 중요한 시기였다. 자신을 향한
메이저리그 구단들의 관심만큼 재정적인 어려움도 커졌기 때문이다. 앞서 적은 것처럼,
유명 대학에서 파격적인 '90% 장학금'을 제안하더라도 생활비 등을 감당할 수 없었기에
그는 드래프트 1라운드에서 뽑힐 수 있는 기량을 펼친 뒤 거액의 계약금을 받는 것
외에는 다른 방도가 없었다. 후술하게 될 '하나, 둘, 셋' 투구폼을 겨우내 장착하게 된
것은, 그런 그에게 축복과도 같은 일이었다. 새로운 투구폼과 함께 커쇼의 구속은 몇
개월 사이에 폭발적으로 빨라졌다. 졸업 연도 시즌 개막을 앞두고 오랜만에 커쇼와
캐치볼을 했던 동료, 패트릭 홀핀Patrick Halpin은 그 변화를 즉각적으로 알아차렸다.
당시를 두고 홀핀은 다음과 같이 회상했다. "단순한 롱토스 워밍업 때부터 뭔가
달라졌다는 것을 알 수 있었다. 중견수 쪽 외야에서 던지는 캐치볼도 빨랫줄처럼
뻗어나가는 공을 던지기 시작했다. 불펜 투구 때도 과거엔 '가끔 90, 91마일'을 던졌는데,
별안간 93, 95마일까지 나왔다." 불과 몇 개월 사이에 크게 좋아진 구위 덕에 커쇼의
이름은 지역 내 유력 언론에서 더 자주 거론되기 시작했다. 모교 투수 역사상 최다승
경신을 눈앞에 두고 있었고, 그보다 앞서 이 학교를 졸업한 뒤 메이저리그 수준급 투수로
성장한 크리스 영Chris Young 이후 최고의 산출물이 될 참이었다. 이 유명세 덕에, 실제로
'선배' 영은 자신의 '유명한 후배'를 보기 위해 샌디에이고 파드레스 스프링 트레이닝
합류 전에 모교를 찾아 그의 투구를 지켜보기도 했다. 이런 유명세 속에 커쇼는 '이보다
더 완벽할 수 없는' 졸업반 시즌을 치르고 신인 드래프트를 기다리게 된다. 그해 커쇼가
얼마나 압도적인 성적을 기록했는지는, 다음의 글을 통해 살펴보자.

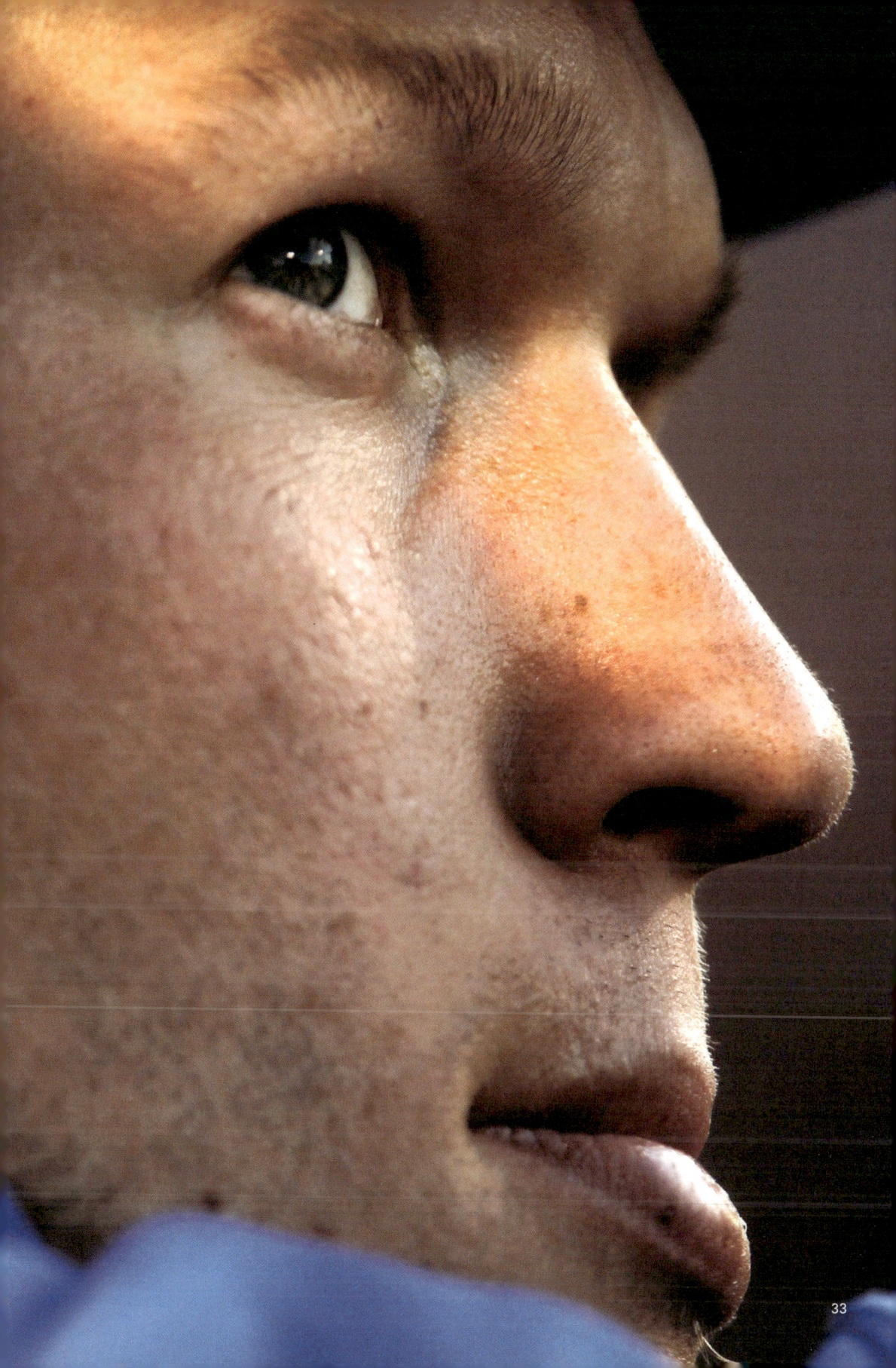

운명을 바꾼

앞서 지역 학생 선수들을 후원하는 한 야구 아카데미 대표와 다른 학부모들의 금전적 지원을 받은 덕에 커쇼가 여름 야구 대회에 출전할 수 있음을 적었다. 하지만 커쇼는 이 아카데미 대표뿐 아니라, 그곳에서 자신의 운명을 바꿀 도움을 얻게 된다. 아서 레이 존슨Arthur Ray Johnson 투수 코치의 등장이다. 2005년 말, 평소 자신과 친분이 있던 스카우트가 '이 친구 공 던지는 것 좀 한 번 봐주세요' 하는 부탁에 아카데미를 찾은 존슨은, 오랜 기간 여러 연령대의 선수들을 관찰하며 유소년 투수에게 가장 적합하다고 생각한 "1-2-3 드릴drill"이라는 이름의 훈련 방식을 갖고 있었다.

2006년 이전까지, 커쇼는 왼팔이 몸의 위가 아닌 '옆에서' 나오는 쓰리쿼터 각도의 투구폼을 갖고 있었다. 이 투구폼은 타자를 속이는 데 수월했지만, 문제는 투수의 팔에 부담이 되고 구속에도 한계가 있었다. 그래서 존슨은 커쇼에게 팔을 머리 가까이 치켜 올리고, 193cm의 큰 키를 십분 활용할 수 있도록 투구시 팔 각도 또한 함께 올리게 했다. 그러면서 커쇼에게 '너의 팔과 오른쪽 다리가 서로 끈으로 연결되어 있다고 상상해보라'며 투구폼 교정에 나섰다. 하나. 공을 잡은 왼손을 오른손에 착용한 글러브 안에 넣는데, 이때 오른쪽 다리도 함께 올라간다. 둘. 손이 내려갈 때 다리도 따라 내려간다. 셋. 이제 왼손이 글러브를 떠날 수 있다. 이 동작은 오늘날 '손은 하늘을 향해 올라가고, 오른쪽 무릎은 가슴 높이까지 함께 따라 올라가는' 커쇼의 독특한 투구폼의 시작점이 되었다. 그리고 왼팔이 '옆에서' 나오던 동작은 왼쪽 귀 뒤에서 나오게 됐고, 오른쪽 다리는 홈 플레이트를 향해 최대한 앞으로 뻗는 폼이 됐다. 이 동작은 커쇼의 모든 고민과 문제를 해결해 주는 '기적'이 됐다. 구속은 90마일을 상회하기 시작했고, 팔의 통증도 사라졌다. 모든 동작이 수월하게 연결되고 반복되니 제구력마저 좋아졌다. 커쇼는 여기에 '응용 동작'까지 넣었다. 균형을 유지하기 위해 이 '1-2-3 동작' 끝에 잠시 멈추는 동작을 추가한 것이다. 오른발을 든 채로 잠시 얼어붙었다 다시 던지는 이 폼은, 타자 입장에서는 공을 쥔 손이 시야에서 사라졌다 갑자기 투수의 머리 뒤에서 공이 나오는 기괴한 궤적과 흐트러진 타이밍을 경험하게 했다. 존슨 코치의 선물은 여기서 끝이 아니었다. 그는 원래도 좋았던 커쇼의 커브를 개량하기 위해 아이스하키 퍽puck을 주며 더 큰 회전력을 만들어내는 훈련을 하게 했고, 던지는 '느낌'을 새롭게 정의했다. 커브가 휘는 것에만 초점을 맞출 것이 아니라, 공을 던질 때 '뒤에서 준비하고, 앞으로 던져라'라는 메세지를 주면서 커브의 궤적과 변화하는 방식에 차이를 가져왔다. 옆으로 휘는 느낌이었던 커브가 새로운 투구폼, 새 접근법을 만나며 커쇼의 커브볼은 12시에서 6시로 곧바로 떨어지는 큰 낙폭을 갖게 된다. 드래프트 참여를 불과 몇 개월 앞두고 존슨 코치와 약 15차례 만난 커쇼는, 새로운 투구폼을 완전히 자신의 것으로 만드는 데 성공했다. 그렇다면 거액의 계약금을 노리고 있던 고교생 투수에게 새로운 투구폼을 가르쳐 준 '값'은 어땠을까? 커쇼는 존슨 코치의 지도에 큰 고마움을 느꼈지만, 가정 형편이 넉넉지 않아 레슨 비용을 낼 수 없다고 했다. 하지만 존슨 코치는 사정이 좋을 때 가능한 만큼만 내면 된다며, 신경 쓰지 말라고 했다. 이후 존슨 코치에 따르면, 그 언젠가 커쇼의 아버지가 와서는 20달러 (한화 약 3만 원)를 주고 간 적이 있다고 한다. 레슨비 20달러 투구폼이 향후 20년 가까이 프로야구 판을 뒤흔들게 될 줄은 아무도 모르지 않았을까.

전타자 삼진 퍼펙트 게임

RECORD 새로운 투구폼과 함께 맞이한 2006년, '예비 졸업생'이자 드래프트 참가 예정자인 커쇼는 무서운 것이 없었다. 주로 80마일 후반대를 기록했던 패스트볼은 최고 95마일이 나올 정도로 폭발적이었다. 실제로 그해 단 한 번도 패한 적이 없었고, 시즌 평균자책점은 0.77에 불과했다. 매 이닝 평균 2개 이상의 삼진을 잡아냈다. 하지만 드래프트 참가를 앞둔 커쇼의 위대함을 단 한 경기로 압축해 설명하자면 그해 5월 19일을 꼽아야 할 것이다. 5이닝 동안 70개의 공으로 15탈삼진과 함께 '전타자 삼진 퍼펙트게임'을 달성한 날이기 때문이다. 이날 경기가 일찍 끝난 이유는 압도적인 점수 차 탓에 콜드 게임으로 끝이 났기 때문인데, '타자' 커쇼는 스스로 홈런까지 쏘아 올렸다. 상대 팀이었던 저스틴 노스웨스트Justin Northwest 고등학교 선수들은 아직도 당시를 기억하고 있다. 전날 있었던 하이랜드 파크 고등학교와의 플레이오프 경기에서 접전 끝에 석패했기에 '오늘은 이길 수도 있다'라는 희망을 안고 경기에 나섰는데, 커쇼를 상대로 안타는커녕 출루 한 번 기록하지 못했기 때문이다. 선발 2루수였던 타일러 틸롯슨Tyler Tillotson은 "커쇼가 우리 학교 선수들을 꼬마애들처럼 보이게 만들더니, 나중엔 홈런까지 날리더라"며 당시를 회상했고, 또 다른 상대 타자 셰인 하디Shane Hardy는 "커쇼가 우리 팀을 처음 야구하는 선수들처럼 보이게 만들었다"라고 했다. 고생하는 제자들을 두고 상대 팀 감독은 구심에게 "어떻게 모든 공이 다 스트라이크냐"라고 항의하기까지 했지만, 심판은 "실제로 커쇼가 던지는 공이 다 스트라이크다"라고 답하는 웃지 못할 일도 있었다. 상대 학교였던 저스틴 노스웨스트가 약체팀이었던 것도 아니었다. 당시 두 학교의 경기는 주州 플레이오프 경기였고, 앞서 1, 2라운드를 통과하고 3라운드까지 올라온 '강호'들의 대결이었다. 하지만 커쇼는 이미 '레벨이 다른 선수'가 되어 있었다. 이날 저스틴 노스웨스트 타자들은 커쇼를 상대로 아홉 차례 파울을 기록한 것이 소득의 전부였고, 이날 패배와 함께 그해 시즌을 마감해야 했다.

Minor Leaguer Kershaw

마이너리그의 지배자

고등학교를 졸업한 커쇼는 그 당시 대학교를 졸업한 선수가 더 훌륭한 선수라는 관념 속에서 놀라운 실력을 보이며 자신을 증명한다. 다저스의 스카우트 로건 화이트는 커쇼의 투구를 보며 전율을 느꼈고, 구단주를 설득해 그 해 다저스의 지명권을 커쇼에게 사용하게 된다. 작년 드래프트의 실패로 혼란스러운 상황에 빠져있던 다저스는 커쇼에게 230만 달러라는 거금을 주며 영입했고, 커쇼는 마이너리그를 학살하며 자신의 실력을 증명한다.

> 오늘날, 모두들 그들이 던질 수 있을 만큼 세게 던지려고 한다. 하지만 그것은 피칭이 아니다. 커쇼는 안쪽과 바깥쪽, 위 아래, 속도를 변화시킬 수 있다. 이것은 매덕스가 잘하던 것이다. 이것이 커쇼가 다른 투수들과 구별되는 점이다.

DRAFT

운명의 드래프트 : 2006

드래프트까지 불과 4개월밖에 남지 않은 그해 2월, LA 다저스의 스카우팅 디렉터 로건 화이트Logan White는 관계자들과 함께 텍사스를 찾았다. 당시 눈여겨 보고 있던 두 명의 투수를 관찰하고, 그중 한 명을 6월 드래프트 전체 7순위 지명권으로 뽑을 참이었다. 화이트가 처음 본 투수는 앞서 언급한 바 있는 강속구 우완 투수, 조던 월든이었다. 99마일까지 나올 정도로 빠른 공을 던졌지만, 화이트가 우려했던 것은 공을 던지고 난 후 월든의 동작이었다. 마운드 투구판에서 크게 벗어나는 투구폼을 갖고 있었고, 이런 폼으로는 매 경기 100구 이상의 투구를 요하는 선발 투수직을 안정적으로 소화하기 어렵다는 판단이었다. 격렬한 투구폼을 가진 강속구 투수에게 따라붙는 '부상 우려'도 있었다. 다음날 화이트는 또 한 명의 투수를 직접 관찰하기 위해 차에 올랐다. 다른 구단 소속의 많은 스카우트 사이에서 화이트가 지켜본 선수는, 그날 불펜에서 몸을 풀고 있었던 커쇼였다. 그날 화이트는 커쇼가 던지는 몇 개의 투구만 보고도 전율을 느꼈다. 그는 훗날 당시의 경험을 두고 "그런 느낌은 자주 받을 수 있는 것이 아니"라면서, 마치 자신이 신의 도구道具가 된 것 같았다고 회상하기도 했다. 마치 신이 자신을 통해 커쇼를 다저스로 인도하려는 것 같은 느낌마저 들었다는 것이다. 화이트는 당시 커쇼를 보고 "이 친구는 진짜"라는 확신을 가졌다고 한다.

재미있는 것은, 그날 커쇼의 실제 경기력은 썩 좋지 못했다는 것이다. 다저스의 스카우팅 디렉터로 하여금 전율을 느끼게 한 것과 달리, 실제 경기에서 커쇼는 많은 이닝을 던지지 못했고 커브의 제구는 들쑥날쑥했다. 투구폼 역시 일반적인 투수들과는 큰 차이가 있었다. 하지만 숙소로 돌아가는 차 안에서, 화이트는 관계자들에게 '커쇼는 끝까지 지켜보자'라고 말하며 깊은 인상을 받았음을 밝혔다. 화이트의 안목은 옳았다. 몇 개월 사이에 커쇼의 위상은 달라져 있었다. 드래프트가 두 달도 남지 않았을 때 '베이스볼 아메리카'에서 그를 고교 최고 유망주로 선정한 것이었다. 베이스볼 아메리카는 필진의 생각뿐 아니라, 실제 현장을 뛰는 스카우트 및 프론트 오피스 등 여러 야구계 관계자의 정보를 취합해 유망주를 평가하는 유구한 역사를 가진 언론이었기에 이러한 주목은 시사하는 바가 컸다. 다른 전국구 유망주였던 동년배 투수들과의 희비가 엇갈린 것도 이때였다. 강속구 투수 월든은 사타구니 근육을 다치며 구속이 떨어졌고, 미래에 대한 불확실성과 함께 그에 대한 평가는 하락하기 시작했다. 정교한 제구를 갖췄다는 평가를 받던 앤더슨은 별안간 운동 능력에 대한 물음표가 붙으며 성장 가능성을 낮게 보는 이들이 늘어났다. 월든과 함께 커쇼와 같은 학교 소속이었던 또 다른 강속구 투수, 톨레슨은 상상하고 싶지 않은 최악의 시나리오가 현실이 되며 1라운드 지명의 꿈을 접어야 했다. 팔꿈치 안쪽 인대 파열로 인해 토미 존 수술을 받아야 한다는 소견과 함께 졸업반 시즌을 마쳐야 했기 때문이다. 불과 1년 전만 해도 커쇼보다 훨씬 좋은 평가를 받았던 이들이지만, 각자의 불운과 커쇼의 급성장은 이들의 운명을 크게 바꾸어 놓았다. 한편, 커쇼에 대한 다저스의 관심은 점점 확신으로 바뀌어 가고 있었다. 드래프트가 한 달도 남지 않은 어느 날, 다저스의 스카우트 캘빈 존스Calvin Jones는 커쇼의 집을 찾아 짧은 면담을 진행했다. 5분 만에 끝난 이 면담에서 존스가 물은 것은 오직 하나. '다저스가 1라운드에서 너를 지명한다면, 계약할 생각이 있느냐'라는 것이었다. 커쇼가 그렇다고 답하자 존스는 곧 자리를 떠났는데, 훗날 커쇼는 '다저스 관계자의 그런 단도직입적인 질문 스타일이 마음에 들었다'라고 말하기도 했다. 1라운드 지명 가능성이 현실이 되어 가고 있었지만 커쇼의 꿈은 '소박'했다. 하루는 일 년 먼저 메이저리그 드래프트에 참여해 다저스의 지명을 받은 J.D. 스마트와 식사를 하고 있을 때 "빅리그 팀이 얼마 준다고 하면 계약할 생각이냐"라고 묻자 "이 점심값 계산할 수 있을 정도면 된다"라고 답했다는 일화가 있다. 구체적인 액수를 말하지 않아 답답했는지, 스마트는 "만일 1라운드에서 뽑히면, 150만 달러는 받을 것"이라고 되받았는데, 커쇼는 당시 그 금액을 듣고는 눈이 휘둥그레지며 '그러면 바로 계약해야지'라고 답했다고 한다. 당시 커쇼에게 가장 중요했던 것은 모친의 빚을 빨리 갚는 것뿐이었다. 친구 부모님들에게도 손을 벌려야 했을 정도로 '처절한' 생활로부터 새출발을 할 수 있는 유일한 길은 1라운드 지명을 받는 것이었다.

다저스의 전화위복,

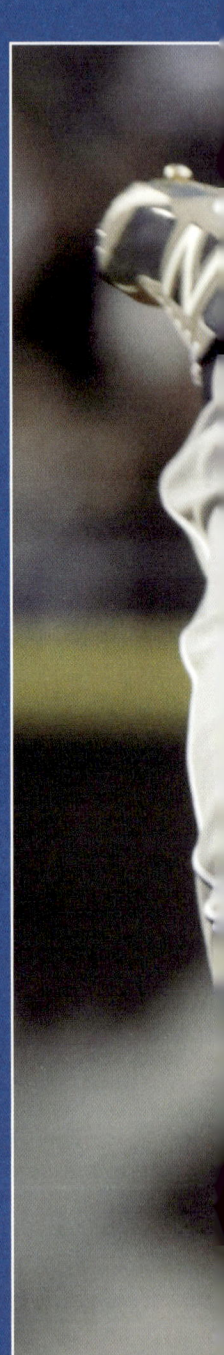

RECORD 커쇼가 신인 드래프트에 나오기 1년 전이었던 2005년 여름, 당시 다저스는 많은 것이 혼란스러운 상황이었다. 처참한 팀 성적 탓에 단장과 감독의 운명이 위태로운 것도 있었지만 — 실제로 다저스는 10월 초에 짐 트레이시Jim Tracy 감독을 해임한 데 이어 같은 달에 폴 디포데스타Paul DePodesta 단장을 해고하며 새 판 짜기에 나선다 — 신인 드래프트가 큰 말썽을 일으켰기 때문이다. 시작은 좋았다. 2005년 신인 드래프트에서 다저스는 전체 40순위에 불과한 지명권으로 그해 최고의 대학 투수라는 평가를 받았던 루크 호체버Luke Hochevar를 지명하는 '행운'을 얻었다. 2미터에 육박하는 큰 키를 갖춘 우완 강속구 투수인 그는, 대학University of Tennessee 마지막 시즌에 압도적인 구위를 펼치며, 당시 대학 야구 최고 투수에게 주어지는 로저 클레멘스 어워드(Roger Clemens Award, 2004년부터 2008년까지 유지되었던 상)까지 받은 유망주였다. 문제는 '계약 가능성'이었다. 최정상급의 투수 유망주가 전체 40순위까지 순번이 미끄러지는 이유는, 그가 거물 에이전트인 스캇 보라스와 함께 엄청난 금액을 요구할 것이라는 소문 때문이었다. 그럼에도 다저스는 협상의 여지가 충분하다고 판단하고 지명을 강행했는데, 이것은 오판이었다. 호체버는 계약금으로 400만 달러를 원한 반면, 다저스의 초기 제안은 230만 달러에 그쳤다. 이런 줄다리기 속에서 호체버는 보라스와 결별하고 새로운 에이전트의 도움을 받으면서 298만 달러에 합의를 이뤘지만, 하루 만에 마음이 바뀐 그는 다시 보라스를 고용한 뒤 재협상에 나선다. 하지만 양측은 끝내 합의를 이루지 못했고, 호체버는 독립 리그를 택하는 강수를 둔다. 결국 최고의 투수 유망주를 얻은 듯했던 다저스는 다음 해 드래프트에서 보상 지명권Compensation Pick을 받게 되는데, 그나마 전체 7순위로 순번이 높다는 것이 위안거리였다. 이 지명권이 훗날 구단뿐 아니라 야구 역사에 한 획을 긋는 역사상 가장 위대한 투수 중 한 명을 지명하는 데 사용하게 되리라곤 당시 아무도 알지 못했다. 한편, '드래프트 재수생' 호체버는 2006년 드래프트에 다시 참여해 전체 1순위로 캔자스시티 로얄스의 지명을 받고 거액의 계약금을 받는 데 성공한다. 보장 금액 525만 달러, 그리고 옵션을 다 채우면 최고 700만 달러까지 받을 수 있는 대형 계약이었다. 다만, 우여곡절 끝에 시작한 그의 커리어는 기대치에 미치지 못하고 끝을 맺었다. 메이저리그에서 9시즌 동안 활약했지만, 통산 279경기 등판에서 46승 65패 3세이브, 평균자책점 4.98의 평범한 성적에 그쳤다. 팔꿈치와 어깨 수술을 받아야 했고, 잦은 재활을 감내해야 했지만, 구위가 회복되지 않으며 2018년 7월, 공식적으로 은퇴를 발표하게 된다.

2005년 유망주 계약 실패

STORY

예비 1라운더 커쇼가 겪은
황당한 경험들

드래프트를 앞두고 커쇼 모자母子는 여러 관계자를 집으로 초대했다. 가끔은 아버지도 함께 하긴 했지만, 진지한 면담 자리에는 참석하지 않았다고 한다. 야구계에서는 선수의 가정 환경도 중요한 판단 기준으로 봤기에 부친의 부재가 악영향으로 이어질 수도 있었지만, 커쇼와 모친은 굳이 현실을 '포장'하려 하지 않았다. 자신의 모습을 미화하지 않았기 때문일까. 드래프트 참여를 앞두고 있었던 커쇼는 황당한 경험들도 감내해야 했다. 하루는 플로리다 말린스(현 마이애미 말린스) 스카우트가 커쇼의 차림새를 두고 지적을 하기도 했다. 메이저리그 관계자를 초대해 놓고 반바지에 티셔츠 차림은 예의가 없다는 것이었다. 커쇼는 당시를 회상하며 그 관계자에게 '이 모습이 있는 그대로의 내 모습'이라고 말해주었다. "어떤 관계자들은 정말 멍청한 말만 했다"라며 커쇼는 자신이 과거에 경험한 황당한 경험을 털어놓았다. 그중에서도 커쇼를 가장 당황스럽게 한 팀은 피츠버그인데, 후술하겠지만 그들은 커쇼에게 '시험'을 보게 한 뒤 성적이 만족스럽지 않다는 피드백으로 일찌감치 선수의 마음을 사는 데 실패했다. 팀의 운명을 바꿀 수도 있는 1라운드 지명권 행사를 앞두고 돌다리도 두드려 보고 싶었던 팀들의 마음은 이해할 수 있지만, 그 과정에서 사람의 마음을 사지 못했던 점은 두고두고 큰 아쉬움으로 남을 것이다.

DRAFT

가장 주목받는 고졸 투수 : 다저스의 1지망

드래프트 하루 전, 커쇼는 성공을 꿈꾸고 있었다. 그리고 그런 커쇼를 간절히 꿈꾸는 팀이 있었으니, 바로 다저스였다. 몇 개월 전 커쇼에게서 강렬한 인상을 받았던 다저스의 스카우팅 디렉터, 화이트는 그날 밤 아들에게 "자기 전에 클레이튼이 우리 지명 순번까지 남아 있게 해달라고 기도하라"고 했을 정도였다. 전체 7순위. 남부럽지 않은 상위 지명권이었지만, 고졸 투수 최대어였던 커쇼를 지명할 수 있다고 장담할 수는 없는 상황 속에서 기도 말곤 할 수 있는 것이 없었다. 다음날, 커쇼의 평생 인연이 될 엘렌, 그리고 친부를 포함한 가족과 친지가 모두 모여 지명 소식을 기다리고 있을 때, 다저스는 다저스타디움Dodger Stadium에 드래프트 본부를 차려놓고 모든 관계자를 한데 모았다. 그들 앞에 있는 가장 큰 흰색 보드에 적힌 1지망 선수의 이름은, 바로 커쇼였다.

CLAYTON KERSHAW

다저스는 2지망 선수로 정상급 타자 유망주 에반 롱고리아Evan Longoria의 이름을 적어 놓긴 했지만, 화이트는 그가 5순위 안에 지명될 것이라 예상했을 정도로 실현 가능성은 높지 않았다. 맥스 슈어저Max Scherzer, 팀 린스컴Tim Lincecum 등 대학 투수에 대한 가능성도 검토했지만, 전자는 에이전트가 스캇 보라스라는 점. 후자는 다이나믹한 투구폼 탓에 내구성 우려가 있어 우선순위를 높게 두지 않았다. 화이트는 당시 다저스가 커쇼 지명 불발 시 염두에 두었던 '실질적 플랜B'는 브라이언 모리스Bryan Morris였다고 밝힌 바 있다. 드래프트 이틀 전, 다저스타디움으로 초대한 우완 투수로, 그는 다저스가 내부적으로 설정한 예산 230만 달러 대비 더 낮은 180만 달러에 계약할 의사가 있었다. 만일 다른 팀에서 먼저 커쇼를 지명하면 모리스를 뽑고, 남은 예산을 다른 선수와의 계약에 보탠다는 생각이었다. 다저스의 꿈과 현실 속에서 시작된 드래프트. 전체 1순위 지명권을 갖고 있었던 캔자스시티 로얄스의 선택은 대학 투수 로체버였다. 전년도에 다저스의 지명을 받았지만

계약 액수를 두고 이견을 보인 끝에 갈라선 투수는, 그렇게 전체 1순위 투수로 '또 다른 파란색 유니폼'의 팀인 캔자스시티로 향하게 됐다. 전체 2순위 콜로라도 로키스는 201cm의 장신 투수, 그렉 레이놀즈Greg Reynolds를 골랐다. 1순위에 이어서 또 한 명의 대학 출신 투수로, 앞서 언급한 '투수를 뽑을 것이라면 대학 투수 우선' 경향이 뚜렷했음을 알 수 있는 대목이었다. 이어, 커쇼에 큰 관심을 두고 있었던 3순위 지명권을 가진 템파베이 레이스는 에반 롱고리아를 선택했다. 템파베이는 커쇼의 폭발적인 구위에 높은 점수를 주었지만, 기복이 큰 경기력이 감점 요인이었다. 롱고리아는 대학 출신 타자에게 기대할 수 있는 '마이너리그 조기 졸업'과 함께 2년 만에 아메리칸 리그 신인왕을 차지하며 팀의 기대에 부응하게 된다. 다저스에게 '정말 커쇼를 지명할 수 있을지도 모른다'라는 기대감이 커진 것은 이때부터였다. 구단주가 대학 출신 선수를 선호했던 피츠버그는, 실제로 브래드 린컨을 지명했다. 5순위 지명권을 가진 시애틀이 복병이었는데, 아래에서 언급하게 될

마크 러무스Mark Lummus는 커쇼의 '진화'를 가장 먼저 발견한 소수의 사람 중 하나였고 구단 측에 지명을 강력히 권했기 때문이었다. 하지만 마찬가지로 대학 선수를 선호했던 시애틀은 위력적인 패스트볼 구위를 갖춘 브랜든 모어로우Brandon Morrow를 택했다. 이제 커쇼 지명을 원하는 다저스에게 유일한 걸림돌은 단 하나. 6순위 지명권 보유팀 디트로이트 타이거스였다. 투수를 원했던 디트로이트는 두 명의 선수를 두고 고민하고 있었다. 둘 모두 좌완으로, 한 명은 고졸 투수 커쇼, 다른 한 명은 대학 출신 앤드류 밀러Andrew Miller였다. 밀러는 고교 졸업반이었던 2003년 드래프트에서 템파베이의 3라운드 지명을 받았을 정도로 높은 가능성을 이미 인정받은 투수였다. 비교적 상위 라운드 지명이었음에도 밀러는 빅리그 팀과의 계약 대신 대학University of North Carolina at Chapel Hill 행을 택했는데, 기복 없이 꾸준하면서도 폭발적인 모습을 보여준 덕에 그의 가치는 복리 이자처럼 불어나 있었다. 그해 드래프트 이전까지 13차례 선발 등판 중 7경기에서 무자책점 경기를

기록했을 정도로 기량이 정점에 올라와 있었고, 대학 통산 270이닝에서 290개의 삼진을 기록하며 학교 역대 탈삼진 기록을 경신했으니 이는 당연한 결과였을 것이다. 여기에, 앞서 언급한 '대학 투수가 더 완성도가 높고, 즉시 전력감에 가깝다'라는 야구계의 통념도 밀러의 가치 상승에 한몫했을 터. 밀러는 2007년에 곧바로 메이저리그 선발진에 합류할 재목이라는 호평 속에 디트로이트의 지명을 받는다. 화이트의 아들이 전날 밤 했던 기도가 통했던 것일까. 다저스는 그렇게 전체 7순위 지명권으로 커쇼를 지명할 수 있게 된다. 전체로 놓고 보면 일곱 번째 지명이었지만, 고등학교 졸업 예정자 중에선 가장 먼저 이름이 불린 선수가 된 것이다. 지명 직후, 가족과 친지들이 모여 있는 커쇼의 집으로 구단 측의 전화가 걸려 왔을 때 모두의 꿈은 현실이 된다. 커쇼와 그의 어머니는 가난에서 벗어날 수 있게 되었고, 단장과 감독의 교체를 포함해 전년도 드래프트에서 지명한 선수와 계약에 실패하며 잡음이 많았던 다저스는 새로운 미래를 그릴 수 있게 된 것이다.

STORY

목돈 $2,300,000

커쇼는 다저스와 계약을 맺고, 230만 달러의 계약금을 받았다. 앞서 스마트와의 대화에서 150만 달러만 주어도 바로 계약하겠다는 말을 한 그에겐 예상을 뛰어넘는 액수였다. 실제로 커쇼는 빠르게 계약을 마쳤고, 지명 2주 만에 LA행 비행기에 오르며 팀 합류를 서두른다. 그 사이, 잠시나마 경제적으로 평생 걱정 없이 살 수 있을 것으로 생각했지만, 현실은 생각보다 차가웠다. 정확한 액수를 밝히진 않았지만, 커쇼는 자신의 에이전트에게 상당한 금액의 수수료를 지급해야 했다. 이어 어머니가 진 빚을 상환해야 했으며, 친부 역시 돈을 요구하는 등 커쇼는 프로 지명이라는 꿈을 이루긴 했지만, 이후 빠르게 현실을 마주해야 했다. 그래도 이때 받은 계약금 중 일부는 커쇼 본인의 꿈을 이루는 데 사용했다. 자신의 '드림카' 구매도 그중 하나였다. 첫 마이너리그 시즌을 마친 후에 포드Ford의 트럭 구매에 3만 7천 달러를 쓴 것이다. 하지만 이 차의 수명은 오래가지 못했다. 커쇼가 졸음운전을 하는 과정에서 트럭이 두 바퀴나 구르며 전복되는 큰 사고를 입었기 때문이다. 다행히 커쇼는 가벼운 타박상만 입고 무사했지만, 그의 드림카는 폐차를 피할 수 없었다. 이후 커쇼는 사고 보험금으로 받은 돈을 활용해 다시 또 다른 트럭(Chevy의 Tahoe 모델)을 구매한다. 한편, 대형 유망주로서의 지위와 함께 거액의 돈을 받았지만, 커쇼의 검소함은 변하지 않았다. 이동 수단으로서 필수적이었던 차량 구매 외에 큰 지출이 없었던 것인데, 실제로 2008년 당시 더블A 마이너리그 팀 동료였던 아담 갓윈Adam Godwin은 자신의 목격담을 전하기도 했다. "한 번은 같이 쇼핑몰에 갔는데, 모 브랜드 운동화가 49.99달러(한화 약 7만 3천원) 세일가에 판매 중이었다. 커쇼는 그 신발이 마음에 든다면서도 구매하지 않을 것이라고 했는데, 이유는 '너무 비싸다'라는 것이었다. 처음엔 농담인 줄 알았는데, 그날 커쇼는 정말 그 신발을 구매하지 않았다. 그럴 뿐만 아니라 한 고급 브랜드에서 선글라스를 100달러로 크게 할인해서 판매하고 있었는데, 커쇼는 그것마저도 구매하지 않았다. 선글라스에 그 정도 돈을 쓰고 싶지 않다는 것이었다." 이 외에도 커쇼는 동료 마이너리거들과 경기장 근처에 방을 렌트해서 함께 지냈는데, 그때도 '비싸기만 한 큰 텔레비전 말고, 작은 것으로 사자'고 했다거나, 그마저도 '돈 내고 가입해야 하는 케이블 채널을 신청하지 말자'라고 하며 동료들로부터 '짠돌이' 소리를 들었다는 등의 다양한 일화가 있다.

커쇼 커르고 ○○○… 그들은

COLUMN 2006년 신인 드래프트에서 다저스보다 앞선 순번의 지명권을 가진 팀은 여섯 팀이었다. 그들은 왜 메이저리그 역사상 가장 위대한 투수로 성장한 커쇼를 뽑지 않았을까. 커쇼의

다른 선수를 지명했나

재능은 많은 구단 관계자가 알고 있었지만, 당시 이 여섯 팀은 저마다의 사정이 있었다. 무엇이 그들을 망설이게 했고, 왜 다른 선수를 지명했는지 알아보자.

1 KANSAS CITY

2006년 메이저리그 드래프트 전체 1순위 지명권을 갖고 있는 팀은 캔자스 시티 로얄스Kansas City Royals였다. 당시 로얄스는 1985년을 끝으로 포스트시즌에 단 한 번도 진출하지 못했을뿐더러 드래프트를 불과 일주일 남겨두고 단장을 교체하는 '초강수'를 둔 상황이었다. 그런 팀 사정 속에 스카우팅 디렉터였던 데릭 래드니어Deric Ladnier에게 내려온 팀의 지침은 '최대한 빨리 메이저리그에 승격할 수 있는 선수를 찾으라'는 것이었다. 그러나 당시 커쇼는 압도적인 구위를 보여주긴 했지만, 통상적으로 완성되었다고 평가받는 대학생 투수가 아닌 고졸 선수라는 점, 그리고 졸업반 이전까지는 들쑥날쑥한 제구를 보였다는 점이 감점 요인이 됐다. 래드니어는 2002년 드래프트를 앞두고 있었을 때도 팀이 '대학 투수를 찾아보라'라고 했지만, 올랜도Orlando 지역에서 눈이 확 뜨이는 고졸 우완 투수에 대한 확신을 갖곤 자신의 의지를 관철시켜 그해 전체 6순위 지명권을 통해 실제 지명에 이르게 한 바 있다. 훗날 커쇼의 팀 동료가 되는 잭 그레인키Zack Greinke가 바로 그 주인공인데, 래드니어는 고교 시절 그레인키를 두고 "그렉 매덕스Greg Maddux(명예의 전당에 헌액되는 야구 역사상 가장 위대한 투수 중 한명)를 보는 것 같았다"라고 했을 정도였다. 하지만 래드니어는 커쇼에겐 그 정도의 '확신'은 갖지 못했다. 뛰어난 투수가 될 자질이 있다는 것은 알고 있었지만, 그에 따른 '리스크'도 공존하는 선수였다. 당장 만찬을 준비해야 하는 캔자스 시티의 사정을 놓고 볼 때, 커쇼는 미완의 대기大器였던 것이다. 커쇼가 지명을 기다리고 있던 2006년은 고등학교 투수들에 대한 우려가 정점에 달했던 시기였다. 실제로 1980년부터 2004년까지 25년 동안 전체 10순위 이전 지명을 받은 고졸 투수들은 총 15명에 불과했고, 그 가운데 2006년 드래프트 당일을 기준으로 메이저리그에서 통산 100차례 이상 선발 등판해 본 투수는 7명이 전부였다. 메이저리그 신인 드래프트는 그 자체로 불확실성이 큰데, 최상위급 지명권으로 고졸 투수를 지명하는 것은 이길 수 있는 확률이 너무 낮은 게임이었다. 그레인키를 봤을 때만큼의 '확신'이 없는 상황에서 커쇼 지명을 강행할 수는 없는 노릇이었다. 결국 캔자스시티는 호체버를 전체 1순위로 뽑은 뒤에 큰 계약금을 안긴다. 큰 계약금에도 불구하고 아쉬운 커리어를 남긴 호체버에 대해선 앞서 언급한 바 있어 자세한 내용은 생략한다.

COLORADO 2

앞서 2005년 드래프트에서 전체 7순위로 트로이 툴로위츠키Troy Tulowitzki를 지명하며 성공적인 선택을 만들었던 콜로라도의 당초 우선순위는 또 한 명의 타자 유망주였다. 완성형 대학 타자 유망주의 표본이라 볼 수 있는 선수로 성장하게 될 에반 롱고리아가 그 주인공. 특히, 콜로라도의 스카우팅 팀이 롱고리아의 지명을 강력히 주장하고 나섰다. 하지만 구단 수뇌부는 다른 결정을 내렸는데, 당시 이미 3년 연속 1라운드에서 내야수를 지명한 상태였기에 '이번에는 투수를 뽑자'라는 주장이 설득력을 얻은 것이다. 그렇게 투수 자원을 고민하게 된 콜로라도는, 다른 팀들이 그랬던 것처럼 고졸 선수보다는 대학 출신을 선호했다. 강속구 투수 밀러도 고려했지만, 최종 선택은 그렉 레이놀즈였다. 예상보다 높은 순번에서 지명되며 '의외'라는 반응이 많았지만, 당시 레이놀즈는 엄청난 '단기 임팩트'를 보여주었다. 드래프트가 있었던 2006년, 대학 야구 강호들을 상대로 '3경기 연속 완투승'을 거둔 것이다. 전통의 명문 애리조나 주립대Arizona State University를 꺾은 데 이어 전국구 유망주 투수 브랜든 모어로우가 버티는UC 버클리University of California, Berkeley를 격파했고, 그 해 최고의 학생 선수에게 수여되는 골든 스파이크 어워드Golden Spikes Award 수상자가 되는 워싱턴 대학University of Washington의 팀 린스컴마저 물리친 뒤 일약 스타덤에 오른 것이 전체 2순위 지명으로 이어진 것으로 볼 수 있다. 이 과정에서 한 스카우트는 그를 과거 최고의 대학 출신 유망주 투수 중 하나였던 마크 프라이어Mark Prior에 견주었을 정도로 높은 평가를 내렸다. 타자 육성엔 일가견이 있었지만, 투수난은 좀처럼 해결하지 못하고 있던 당시 콜로라도 입장에선 그냥 지나치기 어려운 유망주였다. 다만, 콜로라도의 기대와 희망은 엇나가고 말았다. 레이놀즈는 잦은 부상과 부진에 시달리며 메이저리그 무대에서 오래 활약하지 못했다. 그는 커리어를 통틀어 메이저리그에서 단 33경기밖에 던지지 못했고, 123.1이닝을 던지는 동안 평균자책점 7.01로 크게 부진했다.

TAMPA BAY

템파베이는 처음부터 에반 롱고리아를 지명 1 순위 후보로 올려두고 있었다. 지금은 다저스의 구단 운영 부문 사장인 앤드류 프리드먼, 당시 템파베이 단장은 2008년 2월 지역 라디오 방송에서 당시 분위기를 다음과 같이 전한 바 있다. "우리 구단(템파베이)는 롱고리아를 최우선 순위에 두고 있었는데, 가장 먼저 지명하려 했던 선수에 또 한 명의 투수가 있었다. 바로 팀 린스컴이었다. 우리는 롱고리아를 뽑고 싶었지만, 2순위 지명권을 가진 콜로라도가 먼저 지명할 것으로 생각해서 린스컴과 계약에 어느 정도 구두로 합의를 해 둔 상태였다("we had cut a deal with Tim Lincecum"). 그런데 콜로라도가 다른 선수를 지명했고, 우리는 기쁜 마음으로 롱고리아를 선택했다." 이후 템파베이는 '다저스보다 지명 순번이 높았지만 커쇼를 뽑지 않은 팀' 가운데 유일한 성공 사례를 만들게 된다. 롱고리아는 지명을 받은 지 만 2년이 채 되기도 전에 메이저리그에 승격해 2008년 122경기 출전에 27홈런 85타점, OPS .874로 아메리칸리그 신인왕에 오른다. 템파베이에서 총 10시즌을 뛰는 동안, 롱고리아는 누적 승리 기여도 51.2(bWAR 기준)를 기록하며 세 차례 AL 올스타와 골드글러브, 한 번의 실버슬러거(2009년)를 수상한다. 이 기간에 연평균 144경기에 출전했을 정도로 '내구성'도 뛰어났던 그는, 경기장 안팎에서 모범이 되는 행실로 많은 팬들의 사랑을 받았다.

PITTSBURGH

피츠버그와 커쇼는 시작부터 매끄럽지 못했다. 드래프트를 앞두고 선수와의 미팅 자리에서, 피츠버그는 인필드 플라이 룰에 관한 질문을 던졌다. 커쇼가 야구 규칙을 잘 숙지하고 있는지, 명석한 선수인지를 파악하자는 뜻이었다. 당시 커쇼는 "그 규칙이 뭔지는 아는데, 그게 왜 중요한 거냐"라고 되물으며 마뜩잖아했다. 그래도 커쇼는 피츠버그가 자신을 지명할 수도 있겠다는 생각을 하고 있었는데, 별안간 구단 측에서 그에게 수많은 질문이 담긴 이메일을 보내왔다. 당시에는 드래프트를 앞두고 선수에게 이런저런 '숙제'를 주는 것은 흔한 관행이었다. 메이저리그 구단에 잘 보이고 싶었던 커쇼이지만, 너무 긴 설문지의 답을 채워가는 과정은 지루했다. 그는 결국 설문지 마지막 부분은 '대충' 클릭하는 것으로 시험을 끝냈다. 얼마 후 미팅에서, 피츠버그 관계자들은 커쇼에게 시험 성적이 너무 안 좋다는 말을 했다. 당시에 대해 커쇼는 다음과 같이 회상했다. "피츠버그 관계자분들이 제게 '너의 답안지는 일관성이 없다'라고 하더라고요. 그래서 말했죠. '죄송합니다. 근데 어쩌라고요? 전 재시험을 볼 생각은 없어요." 커쇼가 '시험'을 잘 보지 못했기 때문이었을까. 그해 드래프트에서 피츠버그의 선택은 대학University of Houston 출신 투수 브래드 린컨Brad Lincoln이었다. 린컨은 완성형 투수라는 호평 속에 275만 달러의 계약금을 받았지만, 예상치 못한 줄부상을 겪게 된다. 지명 첫해는 옆구리 부상으로 24이닝 투구에 그쳤고, 이듬해에는 팔꿈치 인대 부상으로 수술대에 올랐다. 수술에서 돌아온 린컨은 예전과 같은 구위를 부여주지 못했다. 2010년에 처음 메이저리그 무대를 밟긴 했지만, 피츠버그 유니폼을 입은 그의 통산 성적은 51경기 만에 끝이 났다. 3년간 159.2이닝 투구, 평균자책점 4.62에 그친 그는 2012년 7월, 토론토 블루제이스로 트레이드된다.

5 SEATTLE

앞서 커쇼의 투구폼 교정에 큰 공을 세운 존슨 코치는, 자신의 '제자'가 던지는 것을 보며 확신을 갖게 된다. 그리고 드래프트가 5개월밖에 남지 않았던 그해 1월, 절친한 친구이자 당시 시애틀 매리너스의 선수 스카우팅에 도움을 주고 있었던 마크 러무스에게 전화를 건다. 그리고 러무스 앞에서 펼친 '쇼케이스'에서 커쇼는 과거보다 더 빨라진 구속, 더 좋아진 제구, 더욱 큰 낙폭의 커브를 선보이며 확실한 눈도장을 찍는다. 러무스는 당시 커쇼가 던지는 것을 보며 "레오나르도 다 빈치가 시스티나 예배당을 그리는 것을 지켜보는 게 이런 기분이었겠군"이라고 극찬했을 정도였다.

문제는 다른 곳에 있었다. 러무스는 커쇼의 성공을 자신했지만, 당시 시애틀 구단의 상황이 복잡했던 것이다. 연속해서 디비전 최하위를 기록했고, 2001년을 끝으로 한 번도 가을 야구에 참가하지 못하면서 단장 이하 프론트 오피스는 '최대한 빨리 다시 위닝 시즌 (5할 이상의 승률을 뜻함) 이 가능한 팀'을 만드는 것에 혈안이 되어 있었다. 만일 전체 5순위 지명권으로 대학 선수가 아닌 고졸 투수를 뽑게 된다면, 메이저리그 데뷔 및 성공적인 경력을 쌓아가기까지 몇 년의 시간이 필요할지 몰랐다. 다만, 그럼에도 불구하고 러무스는 '커쇼는 여느 고졸 투수처럼 시간이 오래 걸리지 않을 것 같다'라며 지명을 권했지만, 구단 프론트 오피스의 생각은 달랐다. 결국, 당시 시애틀의 단장이었던 빌 바베이시Bill Bavasi는 대학University of California 출신 우완 투수, 브랜든 모어로우를 선택했다. 당시 시애틀의 스카우팅 디렉터, 밥 폰테인Bob Fontaine이 "내가 본 패스트볼 중 최고"라고 평가했던 강속구 투수였다. 모어로우는 팀의 기대대로 지명 이듬해인 2007년 메이저리그 무대를 밟았지만, 시애틀에서 뛴 기간은 3시즌에 불과했다. 2007년부터 2009년까지, 그는 8승 12패 16세이브, 평균자책점 3.96의 평범한 성적과 함께 이후 트레이드된다. 3시즌 동안 131경기에 나섰지만, 그 중 선발로 등판한 것은 15차례에 불과했다.

DETROIT 6

디트로이트는 원래 커쇼를 지명할 예정이었다. 당시 커쇼는 새로운 투구폼과 함께 패스트볼과 커브의 구위가 크게 향상된 상태였다. 하지만 밀러를 지명할 것이라는 예상이 있었던 전체 1순위 지명권 보유팀, 캔자스시티가 호체버를 선택하며 모든 시나리오가 뒤집혔다. 비록 큰 계약금을 요구할 것이란 소문이 파다했지만, 압도적인 구위를 갖춘 대학 투수를 지나치기엔 밀러의 존재는 너무도 큰 유혹이었다. 결국 디트로이트는 커쇼를 뽑으려던 원래 계획을 뒤로 하고, 밀러를 선택한다. 355만 달러의 계약에 합의 한 밀러는 그해 곧바로 메이저리그에 승격했을 정도로 빠른 출발을 보였지만, 이듬해인 2007년 12월, 미겔 카브레라 Migurl Cabrera 트레이드 때 플로리다 말린스(현 마이애미 말린스)로 유니폼을 바꿔 입게 된다. 밀러는 끝내 선발 투수로는 성공을 거두지 못했지만, 풀타임 불펜 투수로 전환한 2012년부터의 10년간 성적만 놓고 본다면 516경기에서 평균자책점 2.68을 기록하는 '커리어 반등'을 만들어낸다. 특히 469.2이닝을 던지는 동안 691개의 삼진을 잡았을 정도로 불펜 투수로는 특유의 폭발적인 구위를 보여주었는데, 그 중 백미는 클리블랜드 인디언스(현 클리블랜드 가디언스) 소속으로 아메리칸 리그 챔피언십 시리즈 MVP에 오르며 팀을 월드 시리즈로 이끈 영웅적인 활약의 2016년 포스트시즌이었다. 당시 밀러는 가을 야구에서 총 19.1이닝을 던지는 동안 30개의 삼진을 잡아냈다.

MINORLEAGUE

마이너리그 : 마이너리그를 폭격한 커쇼의 숙제

대학 선수 대비 소위 말하는 '담금질'에 더 오랜 시간이 걸리는 것은 고졸 투수들에겐 일반적인 모습이었지만, 커쇼는 역시 보통내기가 아니었다. 지명 후 마이너리그 등판 48경기 만에 빅리그에 올랐을 때 그는 만 20세에 불과한 투수였다. 마이너리그 더블A에 있어도 빠른 진도라는 평가를 받았을 법한 나이에, 그는 이미 빅리그에서 22차례 등판하는 경험을 쌓으며 '위대한 커리어'의 토대를 닦았다.

마이너리그 시절 커쇼의 모습에 대한 당시 동료들의 평가는 한결같다. '여기에 오래 있을 선수가 아니었다'라는 것이다. 그럼에도, 다저스는 어린 커쇼에게 '숙제'를 내주었다. 바로 제 3구종의 장착이었다. 그때까지 커쇼는 폭발적인 구속과 낙차 큰 커브로 타자를 압도하는 유형이었다. 다저스도 커쇼의 구위가 압도적이라는 것은 알았지만, 메이저리그는 두 가지 구종만으로는 오래 살아남기 어려운 곳이었다. 투수의 컨디션이 매번 좋을 수 없기에, 만일 커브 컨디션이 좋지 않은 날엔 패스트볼 하나로 경기에서 '생존'해야 하는데, 던지는 구종의 '경우의 수'가 뻔하다면 빅리그 타자들의 먹잇감이 되는 것은 순식간이다. 그렇기에 구단에서 커쇼에게 가장 먼저 준 숙제는, 바로 체인지업 구사였다. 체인지업 구사는 패스트볼과 변화구를 가진 투수의 레파토리를 다양화할 수 있다는 점에서 특히 효율적인 구종이다. 변화구를 브레이킹볼breaking ball로 정의하고, 체인지업은 타자의 타이밍을 빼앗는 느린 구종이라는 점에서 오프 스피드 피치off speed pitch로 구분해서 정의하는 것도 역할에 차이가 있기 때문이다. 문제는, 커쇼가 이 체인지업 구사에선 합격점을 받지 못했다는 것이다. 일찍이 마이너리거 시절 때도 많은 노력을 기울였고, 빅리거로 엄청난 커리어를 쌓은 이후에도 간혹 스프링 트레이닝 경기에서 실험 차원에서의 구사를 보여주기는 하지만 결국 그도 완벽하게 제구하지 못한 구종이었다. 그래서 마이너리그 시절, 그는 구단 측에 체인지업 구사를 포기하고 원래 던지던 패스트볼과 커브 조합에 더 집중하고 싶다는 뜻을 밝히기도 했다. 하지만 다저스는 완고했다. 당시 마이너리그 투수 코디네이터였던 마티 리드Marty Reed는 구단의 방침이라며 오히려 더 많은 체인지업 사용을 의무화한다. 타자를 상대할 때, 첫 두 개의 투구 중 하나는 '반드시' 체인지업을 던져야 한다고 한 것이다. 더 나아가 다저스는 2007년, 마이너리그 더블A에 올랐을 때에는 체인지업 구사를 두고 '경기당

할당량'까지 두었다. 리드는 당시 커쇼보다 일곱 살이나 많은 마이너리그 베테랑 포수에게 커쇼의 지도를 당부하며 숙제를 던진다. "한 경기당 반드시 체인지업을 15개 던지게 하라"는 것이었다. 당시 이 포수의 이름은 A.J. 엘리스. 훗날 다저스에서 커쇼의 전담 포수로 활약했고, 류현진과도 호흡을 맞춰 국내 팬들에게도 친숙한 그의 '천재 투수'와의 첫 만남은, 그렇게 구단에서 내린 숙제로 시작되었다. 다만, '자유로운 영혼'이었던 커쇼는 이런 다저스의 '체인지업 의무화'를 마음에 들어 하지 않았다. 물론 그렇다고 시키는 대로 하지 않을 수는 없었다. 결국 커쇼는 한 가지 꾀(?)를 냈다. 어차피 체인지업을 던져야 한다면, 경기 초반에 '몰아서' 던지고 그 이후엔 패스트볼과 커브 조합으로 경기를 풀어나가자는 것. 잘되지 않는 '제3의 구종'에 신경 쓰느라 경기를 망치느니, 자신이 가장 자신 있는 2개 구종 조합으로 '이기는 야구'를 하자는 것이 그의 생각이었다. 커쇼의 이런 고집은, 훗날 '슬라이더를 장착해 보자'라는 다저스의 제안을 받아들이는 데 오랜 시간이 걸리게 한다. 하지만 시간을 두고 그를 설득한 다저스의 전략은 결국 대성공을 거둔다. 커쇼가 압도적인 투수로 오랫동안 군림할 수 있었던 것은 바로 이 슬라이더의 공까이 컸는데, 패스트볼과 유사한 궤적을 그리며 들어오다 마지막 순간에 급격한 변화를 보이며 달아나는 탓에 좌, 우타자 가리지 않고 배트 중심에 맞히는 것이 매우 어려운 구종이었기 때문이다. 한편, 커쇼는 마이너리그에서 몸 관리의 중요성도 깨달았다. 정확히는 '효율'에 눈을 떴다고 봐야 할 것이다. 늘 성실한 선수였던 커쇼는 운동을 '많이' 하는 것에 초점을 맞추고 있었을 뿐, 효율성과는 거리가 멀었다. 지나칠 정도로 자주, 오랜 시간 동안 달리기 훈련에 집중했던 커쇼는 정작 시즌 중 구위가 떨어지는 현상을 겪었고, 투구 코디네이터 리드의 조언 하에 러닝의 양을 조절하며 성적 향상이라는 효과를 만들 수 있었다.

STORY

트레이드 매물이 될 뻔했던,

'전국구 유망주' 커쇼는 모든 팀이 탐내는 투수였다. 압도적인 경기력을 보여주는 어린 좌완 투수를 원치 않는 팀은 없었다. 커쇼에 대한 뜨거운 관심은 드래프트 이듬해인 2007년부터 곧장 점화되었다. 먼저 2007년 여름, 텍사스 레인저스는 1루수 마크 테세이라 Mark Teixeira 의 트레이드를 추진하는 과정에서 커쇼의 맞교환 가능성을 타진했다. 그해 겨울엔 플로리다 말린스(현 마이애미 말린스)는 강타자 미겔 카브레라를 내주는 조건을 논의하는 과정에서 다시 커쇼의 이름이 거론되었으며, 미네소타 트윈스 역시 팀의 에이스 요한 산타나 Johan Santana 를 보내는 대가로 동일한 선수를 원하고 있었다. 리그를 대표하는 투수와 타자를 두고 트레이드 논의를 하는 과정에서 상대 팀이 모두 커쇼를 원할 정도로, 그는 마이너리그에서 매우 뚜렷한 성과를 내고 있었다. 커쇼를 원하는 팀은 더 있었다. 그중에서도 볼티모어와의 논의는, 당시 다저스의 감독이었던 조 토리 Joe Torre 가 오리올스의 에이스 에릭 베다드 Eric Bedard 를 강력히 원했다는 점에서 앞선 것들보다 구체적이었다. 재미있는 것은, 당시 다저스의 구단주였던 프랭크 맥코트 Frank McCourt 의 '갈팡질팡' 행보 덕에 커쇼를 지켜낼 수 있었다는 점이다. 베다드 트레이드를 추진했던 당시 볼티모어의 구단 운영 부문 사장, 앤디 맥페일 Andy MacPhail 은 당시 맥코트가 주도하는 다저스는 '신뢰하기 어려운 파트너였다'라고 회고하기도 했다. 그때 볼티모어는 베다드의 대가로 커쇼와 맷 켐프 Matt Kemp 를 원했는데, 다저스는 어느 날은 둘 다 가능하다고 했다가, 또 어느 날엔 둘 중 한 명만 보낼 수 있다고 말했고, 그러다 둘 다 안된다는 식으로 계속 말을 바꿨다는 것이다. 진실이 무엇이든, 결국 볼티모어와 다저스의 트레이드 논의는 큰 진전을 이루지 못하고 끝이 난다. 대신, 베다드는 올스타 외야수로 성장한 애덤 존스 Adam Jones 를 중심으로 한 패키지를 통해 시애틀 매리너스로 트레이드된다. 덕분에 다저스는 커쇼와 켐프를 지킬 수 있게 되었다. 한편, 다른 팀들의 '트레이드로 커쇼 빼내기' 시도가 있을 때마다 다저스 내부에는 이를 극렬히 반대했던 인물이 있었다. 첫눈에 커쇼의 구위를 보고 '사랑'에 빠졌던 스카우팅 디렉터, 로건 화이트였다. 그는 이적 논의가 있었던 시기를 다음과 같이 회상했다.

커쇼의 이름이 트레이드 루머에 오르내릴 때마다 제가 한 말은 늘 똑같았습니다. '안돼. 절대 안 돼. 말도 안 돼.'

마이너리거 커쇼

MAJORLEAGUE

메이저리그 승격 : 조기 졸업, 빅리그로

커쇼에 대한 다저스의 '관리 야구'는 마이너리그 초기부터 철저했다. 앞서 말한 체인지업 구사 의무화 외에도 투구 수 관리 및 누적 이닝을 엄격히 제한했다. 그때마다 커쇼는 더 던질 수 있다고 했지만, 다저스는 커쇼에게 '5이닝 혹은 75구 투구'까지만 허락했을 뿐이었다. 실제로 커쇼는 드래프트 다음 해, 즉 마이너리그 첫 풀시즌이었던 2007년에 122이닝만을 던졌고, 구단 측은 2008년에도 170이닝을 넘게 하지 않는다는 당초 계획을 관철시킬 참이었다. 그렇게 커쇼의 불만이 쌓여가고 있던 2008년 5월 22일, 커쇼는 예정대로 더블A 경기에서 선발 투수로 나섰다. 그런데 1회를 삼자범퇴로 마치고 덕아웃으로 돌아오자 갑자기 당시 팀 감독이었던 존 슈마커John Shoemaker는 "오늘은 여기까지"라는 말을 건넸다. 교체하겠다는 것이었다. 1이닝 만에 선발 투수를 교체하는 것이 달갑지 않았을 커쇼는 당연히 '저항'했지만, 감독을 포함한 다른 코칭스태프 및 코디네이터 모두 그의 말을 들어주지 않았다. 할 수 없이 클럽하우스로 돌아간 그는 팔과 어깨에 아이싱을 하며 휴식을 취했지만, 괴로운 마음은 달랠 길이 없었다. 그사이 경기가 끝났고, 슈마커 감독은 커쇼를 자신의 집무실로 불렀다. 그러더니 별안간 전화기를 건네주며 받아보라고 했는데, 수화기 너머로 들려온 목소리는 당시 다저스의 단장 네드 콜레티Ned Colletti였다.

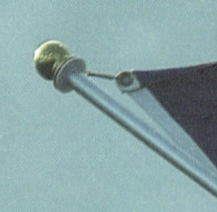

내용은 간단했다. 커쇼의 메이저리그 승격이었다. 3일 후에 등판이니 잘 준비하라는 차원에서 오늘은 1이닝 만에 내린 것이었으며, 승격 소식은 아무에게도 말하지 말라는 당부도 함께였다. 커쇼는 대수롭지 않은 것처럼 답하고 감독 집무실을 나섰지만, 이전까지 느껴본 적 없는 기쁨을 느꼈다. 생계를 위해 프로팀의 지명이 반드시 필요했고, 그렇기에 드래프트 때 느낀 기쁨이 '안도'에 가까운 감정이었다면, 이날 커쇼는 비로소 온전한 행복을 느낄 수 있지 않았을까. 당시 커쇼의 마음이 어땠는지를 알 수는 없겠지만, 그의 마음이 불과 몇 분 만에 괴로움과 환희의 양 끝을 오가는 롤러코스터를 탄 것은 분명했을 것이다. 이유도 설명해 주지 않고 자신을 1이닝 만에 강판시켰던 감독이, 얼마 후엔 단장과 함께 빅리그 승격 소식을 전해주었으니 말이다. 주체할 수 없는 기쁨 속에 커쇼가 가장 먼저 찾은 것은 자신의 여자친구, 엘렌이었다. 다급하게 전화를 걸어, 처음엔 '아무에게도 말하지 말고 혼자 알고 있으라'며 빅리그 승격 사실을 전한 커쇼는, 이내 마음을 바꿔 가족과 친구들 모두에게 소식을 전해달라고 한다. 그러면서 엘렌에겐 새로운 당부를 한다. 자기 집에 가서 정장이 있는지 찾아달라는 것이었다. 반바지와 티셔츠만 입고 다니던 커쇼였지만, 메이저리그 '첫 출근'에 그런 차림으로 경기장에 갈 수는 없었기 때문이었다. 이제, 커쇼의 운명은 또 한 번 바뀌려 하고 있었다.

MINOR LEAGUER KERSHAW

◆ 클레이튼 커쇼 통산 메이저리그 성적

시즌	나이	WAR	승	패	ERA	선발	완투	완봉	이닝	피안타	실점	자책점
2008	20	1.5	5	5	4.26	22	0	0	107.2	109	51	51
2009	21	4.7	8	8	2.79	31	0	0	171.0	119	55	53
2010	22	5.6	13	10	2.91	32	1	1	204.1	160	73	66
2011	23	6.8	21	5	2.28	33	5	2	233.1	174	66	59
2012	24	6.4	14	9	2.53	33	2	2	227.2	170	70	64
2013	25	8.1	16	9	1.83	33	3	2	236.0	164	55	48
2014	26	7.7	21	3	1.77	27	6	2	198.1	139	42	39
2015	27	7.2	16	7	2.13	33	4	3	232.2	163	62	55
2016	28	5.8	12	4	1.69	21	3	3	149.0	97	31	28
2017	29	5	18	4	2.31	27	1	0	175.0	136	49	45
2018	30	3.3	9	5	2.73	26	0	0	161.1	139	55	49
2019	31	3.3	16	5	3.03	29	0	0	178.1	145	63	60
2020	32	1.8	6	2	2.16	10	0	0	58.1	41	18	14
2021	33	2.3	10	8	3.55	22	0	0	121.2	103	51	48
2022	34	3.5	12	3	2.28	22	0	0	126.1	96	36	32
2023	35	3.7	13	5	2.46	24	0	0	131.2	100	39	36
2024	36	-0.3	2	2	4.5	7	0	0	30.0	36	19	15
2025	37	1.6	11	2	3.36	22	0	0	112.2	102	46	42

◆ 클레이튼 커쇼 통산 마이너리그 성적

리그	승	패	ERA	등판	선발	세이브	이닝	피안타	실점	자책점	피홈런
루키 리그	3	0	1.67	11	9	1	43.0	28	10	8	0
싱글A	7	5	2.76	22	22	0	104.1	77	41	32	6
상위 싱글A	0	0	1.13	2	2	0	8.0	3	1	1	1
더블A	3	5	2.43	21	19	0	100.0	71	37	27	6
트리플A	0	1	3.73	8	8	0	31.1	24	13	13	7

◆ 2008년 메이저리그 승격 당시 커쇼의 마이너리그 통산 주요 성적

2006 만 18세 : 루키 리그 -------- 10 경기 8 선발 2 승 1 세이브

2007 만 19세 : 싱글A 및 더블A -------- 25 경기 25 선발 8 승 7 패

2008 만 20세 : 더블A -------- 13 경기 11 선발 2 승 3 패

MAJOR LEAGUE
2008-2025

2855.1 이닝 **78.1** WAR
223 승 **96** 패 **2.53** ERA
451 선발 **25** 완투 **15** 완봉
2193 피안타 **881** 실점 **804** 자책점

MINOR LEAGUE
2006-2008

286.2 이닝 **13** 승 **1** 패 **2.54** ERA
64 등판 **60** 선발 **1** 세이브 **20** 피홈런
203 피안타 **102** 실점 **81** 자책점

------ **1.95** ERA **37** 이닝 **28** 피안타 **10** 실점 **8** 자책 **5** 볼넷 **54** 삼진
------ **2.95** ERA **122** 이닝 **89** 피안타 **52** 실점 **40** 자책 **67** 볼넷 **163** 삼진
------ **1.91** ERA **61.1** 이닝 **39** 피안타 **19** 실점 **13** 자책 **19** 볼넷 **59** 삼진

> 멋진 한 해를 보낸 커쇼에게 축하를 보낸다.
> 이번이 두 번째 수상이지만,
> 커쇼가 앞으로 사이 영 상을 받는 날은 더 많을 것이다.

_ 샌디 쿠팩스 커쇼의 2013년 사이 영 상을 축하하며

The Ace of

리얼 메이저리거, 에이스가 되다

마이너리그에서 조기 졸업해 메이저리거가 된 커쇼는 메이저리그의 높은 벽을 체감하게 된다.
그럼에도 불구하고, 커쇼는 커쇼였다. 커쇼는 점차 다저스의 에이스로 자리잡으며,
매년 더 뛰어난 성적과 기록을 세우며 최고의 투수들이 받는 사이 영 상까지 수상했다.
메이저리그 최고의 투수가 탄생한 것이다.

the Dodgers

DEBUT

커쇼의 메이저리그 데뷔전
: 호락호락하지 않은 메이저리그

2008년 5월 25일, 마이너리그를 폭격하던 클레이튼 커쇼가 다저스타디움에서 메이저리그 데뷔전을 치렀다. 드래프트 지명 이후, 채 2년이 되지 않은 고졸 신인 투수로는 이례적인 고속 승격이었다. 데뷔전을 앞둔 전날 밤, 커쇼는 잠을 푹 자려 했지만 쉽게 잠들지 못했다고 한다. 몸은 잠들 준비가 됐지만 머릿속은 생각이 꼬리에 꼬리를 물었기 때문이다. 그런 흥분 속에서 맞이한 데뷔전 상대는 당시 내셔널리그 중부지구 2위로, 시카고 컵스Chicago Cubs와 함께 치열한 선두 다툼을 펼치고 있던 세인트루이스 카디널스St. Louis Cardinals였다. 메이저리그 경험이 전무한 신인에게는 너무나도 힘든 상대라고 해도 틀림없었다. 카디널스 타선에는 알버트 푸홀스Albert Pujols, 트로이 글로스Troy Glaus, 라이언 루드윅Ryan Ludwick 등 왼손 투수에게 강한 우타자가 주축을 이루고 있었기 때문이다.

수비부터 견제, 그리고 타격까지 만능 커쇼

커쇼는 공만 잘 던지는 투수가 아니다. 공을 던진 후 수비나 견제 등이 뛰어나다. 2011년에는 그해 가장 뛰어난 수비수에게 주는 골든글러브도 받았다. 통산 2742.2이닝을 뛰면서 범한 실책은 12개에 불과하다. 투수의 수비가 좋다는 것은 투구 밸런스가 좋다는 뜻이기도 하다. 투구 후 한쪽으로 몸이 쏠리거나 하면 타구에 바로 반응하기 어렵다. 커쇼는 발이 착지하고 나서 몸이 타자 정면을 향하므로 다음 동작을 취하기 쉽다. 투구에 있어 힘으로 던지는 유형이 아니라 상·하체를 밸런스 좋게 잘 활용할 줄 안다. 커쇼의 수비와 관련해 가장 인상적인 장면은 아무래도 2014년 8월 10일 밀워키 브루어스Milwaukee Brewers전이다. 5회 1사 3루에서 진 세구라가 기습 번트를 시도했다. 타구는 떴고, 투구 후 곧바로 앞으로 뛰어나간 커쇼는 몸을 날려 공을 잡아냈다. 타구가 떴지만 짧았기에 투수가 잡기는 어려웠다. 하지만 투구 후 빠른 반응과 전력 질주로 잡아냈고, 홈 플레이트 앞까지 뛰어온 3루 주자까지 아웃시키며 병살 플레이로 연결했다. 타구 판단 능력과 순발력이 뛰어나기에 나올 수 있는 장면이었다. 또 커쇼를 이야기하는 데 있어 주자를 견제로 잡아내는 픽오프를 빼놓을 수 없다. 2024년까지 통산 픽오프는 71차례를 기록했다. 이것은 메이저리그 역대 공동 7위에 해당한다. 71차례 중에서 가장 많은 제물이 된 선수는 안드레스 토레스Andres Torres다. 샌프란시스코 자이언츠에서 4차례, 뉴욕 메츠에서 1차례 견제에 잡혔다. 커쇼가 콜로라도 로키스(12차례)에 이어 샌프란시스코전에서 픽오프 11차례를 기록한 데는 토레스가 크게 공헌했다고 해도 틀림없다. 한때 일본에서는 커쇼가 일본 프로야구에 외국인 선수로 올 수도 있다는 소문이 돌았다. 2023년 팀 동료 무키 베츠가 진행하는 팟캐스트 프로그램에 출연해 커쇼는 "메이저리그에서 선수 생활을 끝낸 후 일본에서 뛰는 것에 조금 흥미가 있다"라고 밝혔다. 그러면서 "일본에서 온 구로다 히로키와 마에다 겐타와 함께 뛴 적이 있다. 그들은 내가 일본에서 1루수로 뛰고 싶다면 언제든지 가능하다고 말해줬다"라고 덧붙였다. 농담이지만 그만큼 커쇼는 투수치곤 꽤 준수한 타격 능력을 갖추고 있다. 2011년부터 2014년까지 4년 연속 두 자릿수 안타를 때렸고, 통산 타율은 0.162, 홈런도 1개를 때려냈다. 2018년 월드시리즈 3차전에서는 대타로 타석에 선 적도 있다. 물론, 투수 훌리오 유리아스Julio Urias 타석에 나선 것이고, 타격 결과는 우익수 뜬공으로 아웃됐다.

COLUMN

커쇼의 구종 특징과 플라이볼 혁명

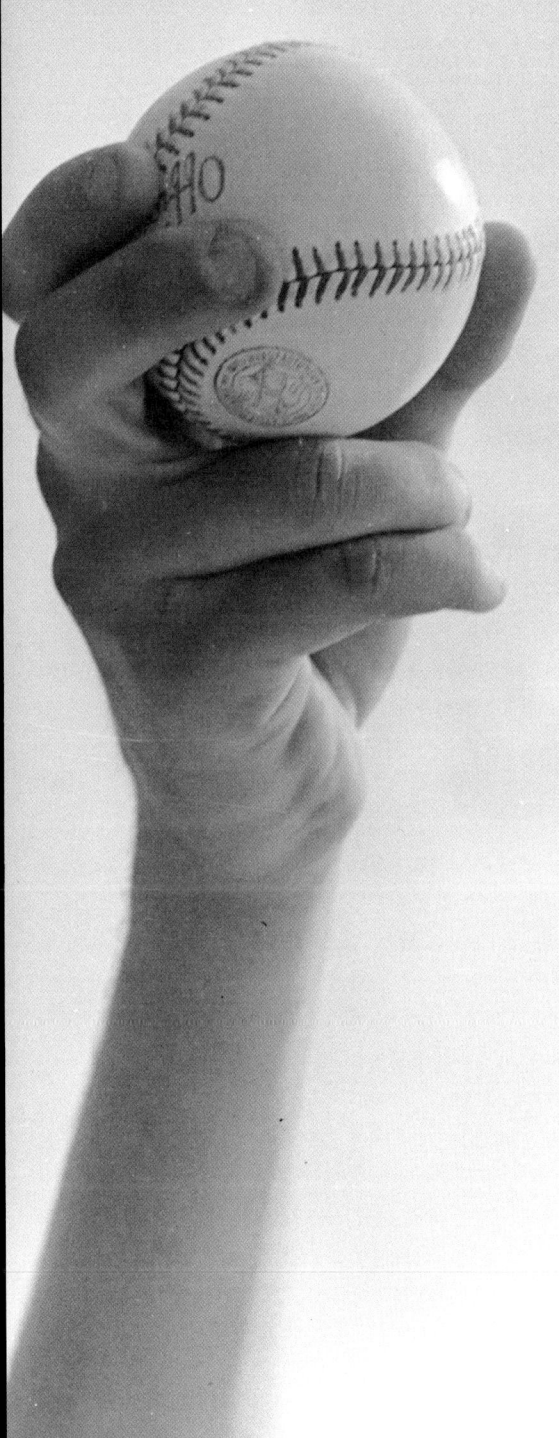

1 최근 투수들이 다양한 구종을 던지는 것과 비교해 커쇼는 패스트볼과 슬라이더, 커브만 구사한다. 메이저리그에 데뷔했을 때는 패스트볼과 커브 '투피치'였는데, 2010년부터 커브 대신에 슬라이더를 던지며 메이저리그 최고 투수로 성장했다. 그 계기는 조 토리Joe Torre 감독의 조언 덕분이었다고 한다. 2009년 시즌 개막 후 첫 4경기에서 2패와 평균자책점 7.29를 기록하던 5월 초, 조 토리 감독과 돈 매팅리Don Mattingly 타격 코치와 면담 했다. 이때 매팅리 코치는 데이터를 보여주며 "커브로 스트라이크를 전혀 잡지 못하고 있다"라고 말하며 "지금은 패스트볼 하나로 타자를 상대하고 있다"라고 부진의 원인을 짚어줬다. 이어 토리 감독은 "다른 구종을 익히지 않으면 마이너리그로 내려보낼 수밖에 없다"라고 강조했다. 투수로서 자존심이 상하는 말이지만, 메이저리그에 남아 있으려면 새로운 구종을 개발할 수밖에 없는 상황이라서, 그날부터 바로 슬라이더를 연습하기 시작했다고 한다. 커쇼의 슬라이더는 횡적 무브먼트가 적어 커터처럼 살짝 꺾이는 대신에, 수직 무브먼트가 좋아 덜 떨어진다. 게다가, 커쇼의 패스트볼도 횡적 무브먼트는 거의 없고, 수직 무브먼트가 매우 좋은 편이다. 그래서 타자는 커쇼의 패스트볼과 슬라이더를 구분하기 어렵다. 두 구종의 구속 차이도 4~8마일 정도 난다. 타자가 패스트볼이라고 생각하고 배트를 휘둘렀는데, 슬라이더라면 패스트볼보다 구속이 느려 타격 포인트에 공이 도달하지 않아 헛스윙이 된다. 설령 맞추더라도, 살짝 휘어지므로 정타를 때려내기 어렵다. 그래서 타자들은 커쇼의 슬라이더는 "변화구의 각이 늦게 꺾여 패스트볼처럼 느껴진다"라고 입을 모으는 이유다. 여기에 횡적 변화는 거의 없지만 수직으로 크게 떨어지는 느린 커브도 있다. 변화구 가운데 가장 오랜 역사를 가진 커브는, 한국이나 일본에서는 야구 선수가 가장 먼저 배우는 변화구일 정도로 대중적이다. 누구나 커브를 던질 줄은 안다. 하지만 커브를 제대로 던질 줄 아는 투수는 매우 드물다.

COLUMN

2 커쇼는 메이저리그 데뷔 초반에는 제구에 어려움을 겪어 봉인했던 제구를 다듬어 2012년부터 다시 던지기 시작했다. 그는 거의 완벽하게 제구된 커브를 던진다. 역사상 커브를 가장 잘 제구하는 투수라고 해도 틀림없다. 커브는 다른 공과 비교해 매우 느린 변화구다. 커쇼의 커브 평균 구속은 다른 투수보다 더 느린 73마일 정도다. 투수의 공이 느리다는 것은 타자가 대응하기 쉽다는 뜻도 된다. 하지만 타석에서 타자는 우선 투수의 빠른 공에 초점을 맞춘다. 느린 커브가 와도 노린 공이 아니라서 배트를 휘두르지 않는다. 즉, 볼 카운트 싸움을 유리하게 가져가는 데 있어 최적의 공이 커브다. 또 커브는 크게 떨어지므로 타자의 시야를 흔드는 장점도 있다. 커쇼가 다양한 공을 던지지 못해도 3차례나 사이 영 상을 받으며 누구나 인정하는 2010년대 최고 투수가 된 데는 공 3개 모두 'A+'급이기 때문이다. 그런 커쇼도 2017년 이후로는 피홈런이 늘어나면서 타자를 압도하는 모습을 보여주지 못하고 있다. 그 원인은 우선, 허리 부상 이후 패스트볼의 평균 구속이 떨어졌기 때문이다. 2017년까지 92.8마일이 유지되던 구속이 2018년부터는 90마일대로 뚝 떨어졌다. 마운드와 홈 플레이트와의 거리는 18.44m다. 구속에 따른 도달하는 시간을 계산해 보면, 100km/h의 공은 약 0.66초, 150km/h는 0.44초, 160km/h는 0.41초가 걸린다. 투수의 릴리스 포인트는 마운드 투수판보다 앞이므로 실제 시간을 더 빠르다. 타자가 배트를 휘두르는 데는 1초 정도가 필요하므로, 타자가 공의 특성과 방향을 판단하는 시간이 구속이 빠를수록 적을 수밖에 없다. 그러므로 투수에게 구속 하락은 선수 생명의 위기라고 할 수 있다.

3 그 점을 커쇼는 뛰어난 제구력과 슬라이더 등 변화구 비중을 더 높이면서 탈출구를 찾아나갔다. 또 다른 원인은 플라이볼 혁명이다. 플라이볼 혁명이란, 타자가 득점 생산력을 더 높이기 위해서 뜬공을 치기 시작한 것을 말한다. 2015년부터 메이저리그에서는 타자의 타구 각도와 속도를 수치화한 스탯캐스트를 도입했고, 그 지표를 휴스턴 애스트로스 등이 적극 도입해 월드시리즈 우승이라는 결과를 냈다. 뜬공을 치기 위해서는 이전까지 주류였던 레벨 스윙에서 어퍼 스윙으로 바꾸어야 했다. 레벨 스윙은 수평으로 날아오는 공에 그대로 배트 궤적을 맞추는 것이고, 어퍼 스윙은 대체로 밑에서 위로 걷어 올리는 스윙이다. 타구 각도가 26도에서 30도 사이를 유지하면서 타구 속도가 98마일 이상인, 이른바 배럴존일 때 가장 장타를 때려내기 쉬우므로 타자의 스윙도 어퍼 스윙이 주류가 됐다. '타격의 신'으로 추앙받는 테드 윌리엄스Ted Williams도 가장 이상적인 스윙은 미세한 어퍼 스윙이라고 말했다. 이 변화가 커쇼에게는 위협적으로 작용했다. 커쇼는 위에서 내리꽂는 정통파 투수다. 즉, 공을 놓는 위치가 높다. 그러므로 포수 미트를 향해 날아오는 각도가 있는데, 타자가 수평으로 스윙하면 공의 궤도와 스윙 궤도가 달라 타자의 히팅 포인트가 점처럼 줄어들 수밖에 없다. 반면, 어퍼 스윙의 궤도는 투수가 높은 타점에서 던진 공의 궤도와 일치하므로 히팅 포인트가 넓어지고 강한 타구를 생산해 낼 확률도 높아진다. 그래서 최근 메이저리그에서 좋은 활약을 펼치는 투수를 보면 대개 팔 높이가 낮고, 횡적 변화를 추구하는 스위퍼와 같은 횡적인 구종이 전성시대를 구가하는 이유다. 즉, 커쇼의 피홈런이 늘어난 데는 단순히 단조로운 구종과 체인지업 등 떨어지는 공이 없는 것보다 타격 트렌드의 변화와 횡적 변화가 큰 변화구가 없는 데 있다.

22 경기 **21** 선발 **107.2** 이닝 **109** 피안타 **51** 실점 **51** 자책 **52** 볼넷 **100** 삼진 **5** 승 **5** 패 **4.26** ERA
31 경기 **30** 선발 **171** 이닝 **119** 피안타 **55** 실점 **53** 자책 **91** 볼넷 **185** 삼진 **8** 승 **8** 패 **2.79** ERA
32 경기 **32** 선발 **204.1** 이닝 **160** 피안타 **73** 실점 **66** 자책 **81** 볼넷 **212** 삼진 **13** 승 **10** 패 **2.91** ERA

THE ACE OF THE DODGERS

2008
2009
2010

그런 강적을 상대로 6이닝을 던지면서 2실점 했지만, 삼진을 7개로 숨아내며 제 몫 이상을 해냈다. 허용한 안타는 7개. 당시 메이저리그 최고 타자였던 푸홀스에게 2안타를 맞고, 1회 1사 1루에서 맞은 2루타는 메이저리그 첫 피안타인 동시에 첫 실점으로 이어졌다. 커쇼는 "1회에 첫 안타를 맞고 싶지 않았다"라면서도 "어차피 맞아야 할 첫 안타였다면 그 주인공이 알버트 푸홀스라서 매우 기쁘다"라고 밝혔다. 이날, 커쇼는 팀 타선의 충분한 득점 지원을 받지 못해 승리 투수가 되지 못했지만, 다저스는 연장 10회 안드레 이디어의 끝내기 안타로 승리를 거뒀다. 이후로도 커쇼는 선발 로테이션에 들어갔지만 승운은 쉽게 따라오지 않았다. 그리고 마침내 10번째로 선발 등판한 7월 27일 워싱턴 내셔널스Washington Nationals전에서 6이닝 무실점 호투를 펼치며 메이저리그 첫 승리를 손에 넣었다. 이해, 시즌 막판 불펜으로 1이닝을 던진 것을 제외하곤 줄곧 선발로 나서며 107.2이닝을 소화하며 5승(5패)을 올렸다. 고졸 신인으로 시즌 중반에 메이저리그에 승격된 것을 고려하면 준수한 성적을 거뒀다고 평가할 수 있다.
2009년부터 풀타임 메이저리거로 자리 잡은 후, 가파른 성장세를 나타냈다. 2009년에는 선발 로테이션을 꾸준히 소화하며 171이닝을 던졌다. 특히 평균 94마일에 이르는 강력한 패스트볼과 낙차 큰 커브로 타자를 농락하며, 9이닝당 9.7개의 탈삼진을 잡아냈다. 다만 단조로운 구종(패스트볼과 커브 조합)과 제구 불안은 커쇼가 에이스로 성장하기 위해서는 반드시 해결해야 할 숙제로 꼽혔다. 9이닝당 볼넷은 4.8개에 이르렀다. 그 숙제를 커쇼는 미루지 않고 해결책을 찾아냈다. 2010년에는 스트라이크보다 볼로 판정될 때가 많은 커브의 비중을 줄이고(17→6.9%) 슬라이더 비율을 크게 늘렸다(8.1→20.2%). 또 오른쪽 어깨가 일찍 열리는 단점도 해결한 것 역시 제구력 향상에 도움이 됐다. 투구 동작에서 앞 어깨(왼손 투수인 커쇼에게는 오른쪽 어깨)가 일찍 열리면 던지는 팔이 타자에게 일찍 보이므로 구종 파악이 쉬워질 뿐만이 아니라 투구 방향에도 악영향을 끼친다. 기본적으로 투수는 포수 미트를 목표로 삼아 던진다. 그런데 총구의 가늠쇠 역할을 하는 앞 어깨가 일찍 열려 틀어진 만큼 투구 방향이 포수 미트가 아닌 오른손 타자로 향하게 된다. 이것을 포수 미트에 던지기 위해서는 릴리스 포인트를 조절해야 하는데, 공 하나마다 완벽하게 조절하기 어려우므로, 제구가 흔들릴 수밖에 없다. 또 발을 올리고 착지까지 이어지는 가속도(병진 운동)도 약해지고, 부족한 가속도를 보완하기 위해 팔과 어깨에 힘을 더 쓸 수밖에 없으므로, 그만큼 부상 위험성도 커진다. 그런 점을 보완한 결과, 커쇼는 204.1이닝을 던지며 첫 두 자릿수 승리(13승)를 거뒀다. 특히 9이닝당 볼넷도 3.6개로 크게 줄어들었다. 메이저리그 데뷔 3년 만에 주전 투수다운 모습을 보인 만큼 다음 시즌에 대한 기대감도 높아졌다.

STORY

구로다 히로키와의 인연,

그리고 팀 퍼스트

커쇼와 구로다 히로키Hiroki Kuroda가 한솥밥을 먹은 것은 2008년부터 2011년까지 4년간이었다. 처음 두 선수가 만난 것은 2008년 스프링캠프였다. 당시 구로다는 일본 프로야구 히로시마 카프에서 11년간 활약하며 통산 271경기에 나와 103승을 올린 33살의 베테랑 투수였다. 하지만 메이저리그에서는 중고 신인이었고, 커쇼는 처음으로 메이저리그 캠프에 합류한 초짜 신인이었다. 신인과 신인이라서 자연스럽게 캐치볼 상대가 됐다고 한다. 특히, 구로다가 등판하는 날에는 캐치볼 후, 커쇼가 자진해서 구로다가 불펜 투구를 하기 전에 포수 역할을 하며 공을 받을 때도 있었다. 경기 중에는 구로다의 투구를 유심히 살펴보곤 했다. 커쇼는 구로다에 대해 "훌륭한 투수"라며 "점수를 주지 않는 투구를 할 줄 안다"라고 평가했다. 그러면서 "4년간 많은 것을 배웠다"라고 덧붙였다. 구로다는 메이저리그에 진출하면서 투구 방식을 바꿨다. 히로시마 시절에는 패스트볼을 앞세워 타자를 윽박지르는 정통파 투수였다면, 메이저리그에서는 포심이 아닌 투심 패스트볼을 던지며 스트라이크존을 폭넓게 활용했다. "우타자 몸쪽으로 휘면서 떨어지는 투심을 던지고, 바깥쪽에는 슬라이더를, 떨어지는 포크볼로는 높낮이를 줘 타자를 맞혀 잡는 투구로 바꿨다." 일본에서는 90마일 초반대의 빠른 공이 강속구로 통하지만, 메이저리그에서는 평균적인 구속인 만큼 환경의 변화에 맞춰 투구 방식을 바꾼 것이다. 그런 점을 커쇼는 구로다의 포수 역할 등을 하면서 그의 구질이나 투구 간격, 투구 방식 등을 보고 자신의 것을 발전시키는 힌트로 삼았을 것이다.

실제로 커쇼가 2011년 사이 영 상을 처음 수상했을 때, 네드 콜레티 단장은 "이 사이 영 상에는 구로다에게 배운 것이 채워져 있다"라고 말했을 정도다. 2024년 메이저리그 포심 패스트볼 평균 구속은 94.2마일이지만, 커쇼가 데뷔한 2008년은 91.3마일이었다. 게다가, 규정 이닝을 채운 왼손 투수로 가장 빠른 공을 던진 선수는 CC 사바시아CC Sabathia로 94.2마일이었다. 이때 평균 94.4마일을 던진 커쇼는 메이저리그에서 가장 빠른 공을 던진 왼손 투수라고 해도 틀림없다. 20살의 젊은 혈기와 불같은 강속구를 조합하면 '닥치고 빠른 공'만 줄곧 던질 것 같지만 커쇼는 달랐다. 빠른 공을 던지더라도, 빠른 투구 템포로 상대 타자가 준비할 시간을 주지 않거나 투구 과정에서 멈추는 듯한 동작을 넣어 타자의 타이밍을 뺏었다. 그래서 구로다는 "커쇼는 일본인 투수와 같은 성향이 있다"라며 "투구에 대해 진지하게 고민하고 탐구하는 선수였다"라고 평가했다. 만남이 있으면 이별의 순간은 반드시 찾아오는 법. 2011년 시즌이 끝난 뒤, 구로다는 뉴욕 양키스New York Yankees로 FA 이적했다. 시즌 중에 "내년에도 함께하자"라고 제의했던 커쇼는 그의 이적에 "다저스에서 쭉 함께하고 싶었다"라며 아쉬움을 토로했다. 구로다 이후로도 커쇼와 함께한 동양인 선수는 여럿 있다. 마에다 겐타Kenta Maeda, 류현진, 다르빗슈 유Yu Darvish, 오타니 쇼헤이Shohei Otani 등이며 이들이 다저스의 블루 유니폼을 입었을 때 누구보다 더 열광적으로 환영하고, 그들의 적응을 도왔다. 류현진은 "커쇼에게 투구에 관한 조언이나 기타 궁금한 점을 물으며 많은 도움을 받았다"라고 밝혔다. 이것에 대해 커쇼는, 류현진은 도움이 필요한 투수가 아니라며 거꾸로 "류현진의 투구를 보며 많은 것을 배웠다"라고 화답했다. 그러면서 "새로운 문화와 팀 분위기에 적응하는 게 쉽지 않을 것으로 생각했다. 옆자리 동료로 팀에 더 잘 적응하도록 돕고 싶었다"라고 강조했다. 새롭게 영입된 선수들의 적응을 도운 것은 그의 성품이 좋은 것을 의미할 뿐만이 아니라 팀에 대한 애정도 느낄 수 있다. 메이저리그에서 이른 나이에 성공을 거둔 후, 사생활 등에서 문제를 일으키며 한순간에 추락한 선수는 적지 않다. 그 대명사가 드와이트 구든Dwight Gooden이다. 구든은 19살 때(1984년) 메이저리그에 데뷔해 신인왕을 받은 데 이어 1985년에는 투수 부분 3관왕에 오르며 사이 영 상을 손에 넣었다. 역대급 괴물 투수로 평가받으며 그의 장래를 아무도 의심치 않았지만, 여러 차례의 음주운전과 가정 폭력, 약물 중독 등 자기 관리를 못하며 몰락했다. 그런데 커쇼는 항상 향상심에 불탔고, 자기 발전을 위해서라면 새로운 것을 받아들이는 데도 두려움이 없었다. 거기에 개인보다 팀을 우선시하는 팀 퍼스트

구로다 히로키와의 인연,

정신도 갖추고 있었다. 2024년 시즌이 끝난 뒤, 메이저리그에서 최대 관심사는 포스팅에 나선 사사키 로키Roki Sasaki의 행방이었다. 대부분 구단이 사사키 영입전에 뛰어들었는데, 사사키는 고교 시절부터 관심을 뒀던 다저스에 입단했다. 다저스는 사사키를 영입하기 위한 2차례 면담에서 오타니와 무키 베츠Mookie Betts 등과의 식사 자리와 함께 다른 선수들의 영상 메시지를 전달했는데, 그중 한 명이 커쇼였다. 커쇼는 FA(자유계약 선수) 신분이라, 굳이 영상 메시지를 찍을 이유는 없었다. 게다가, 다저스에 부상 복귀하면 선발 자리를 다퉈야 하는 상황인데, 사사키가 입단하면 그만큼 선발 자리는 더더욱 어려운 상황에 처하게 된다. 그런데도 커쇼는 자신보다 팀을 우선시하는 '팀 퍼스트' 정신으로 다저스에 대한 깊은 애정을 나타냈다. 야구가 거대한 비즈니스가 된 지 오래전인데, 과거의 낭만을 떠올리게 하는 이런 선수는 어디에도 없다.

그리고 팀 퍼스트

ACE

다저스의 에이스로
: 메이저리그 최상급 투수로 성장하다

2010년 커쇼는 투구폼 수정과 주된 변화구 교체를 통해 성과를 냈는데, 2011년에는 메이저리그 최정상급 투수로 성장하며 황금기를 보내기 시작했다. 생애 첫 개막전 투수로 나서서 샌프란시스코 자이언츠를 7이닝 동안 4피안타 무실점 호투를 펼치며 승리를 따냈다. 이때 나이가 만 23세 12일이었는데, 이것은 1983년 페르난도 발렌수엘라Fernando Valenzuela 이후 최연소이자 다저스 역대 5번째로 어린 개막전 선발 투수였다. 다만 4월까지는 승운이 따르지 않으며 2승 3패에 머물렀고, 5월부터 다시 6연승을 달리는 등 호조를 이어갔다. 시즌이 끝났을 때는 21승과 평균자책점 2.28, 248탈삼진을 기록하며 투수 부분 3관왕에 올랐다.

CLAYTON KERSHAW

다저스 투수가 투수 부분 3관왕을 차지한 것은 1966년 샌디 쿠팩스Sandy Koufax 이래 45년 만의 경사였다. 당연히 그해 최고 투수에게 주어지는 사이 영 상을 받았고, 아메리칸리그에서 수상한 저스틴 벌랜더Justin Verlander 역시 투수 부분 3관왕에 올랐다. 양대 리그에서 투수 부분 3관왕이 동시에 배출된 것은 1924년 워싱턴 내셔널스(현 미네소타 트윈스) 월터 존슨Walter Johnson과 브루클린 다저스(현 LA) 대지 밴스Dazzy Vance 이래 처음이었다. 2012년에도 에이스다운 모습을 이어갔다. 이것은 지난 2년간 봉인했던 커브를 다시 던지며 투구 폭이 넓어진 것이 큰 효과를 본 것이다(커브 비율 5.2→11.3%). 다만 팀 타선의 도움을 받지 못한 게 '옥에 티'였다. 득점지원을 9이닝으로 환산했을 때, 고작 2.77에 불과했다. 2점 이하로 막으면 승리, 3점 이상을 주면 패전 투수가 되는 가혹한 환경 속에서 마운드를 지켰다. 그 결과, 지난해에 이어 평균자책점 1위(2.53)에 올랐지만 승수는 14승(9패)에 그쳤다. 사이 영 상도 20승을 올린 너클볼러 R.A. 디키R.A. Dickey에 이은 2위를 기록했다. 그래도 적극적인 사회봉사 활동이 인정받아, 로베르토 클레멘테상을 받았다. 2012년의 아쉬움은 2013년과 2014년에 대활약을 펼치며 털어냈다. 사실 2013년과 2014년에도 팀 타선의 지원은 더 기대하기 어려운 수준이었다(득점지원 2013년 2.10/2014년 1.91). 다저스 타선도 커쇼의 적이라고 해도 틀림없었다. 상대 타선을 상대하면서도 팀 타선과도 싸워야 하는 이중고 속에서도 커쇼는 압도적인 투구를 이어 나갔다. 2013년에는 탈삼진왕에 이어 평균자책점 1위도 차지했다.

연도	경기	선발	이닝	실점	자책	볼넷	탈삼진	승	패	ERA
2011	33	33	233.1	66	59	54	248	21	5	2.28
2012	33	33	227.2	70	64	63	229	14	9	2.53
2013	33	33	236	55	48	52	232	16	9	1.83
2014	27	27	198.1	42	39	31	239	21	3	1.77

게다가, 2014년에는 메이저리그 역사에 남을 한 시즌을 보냈다. 시즌 초반 왼쪽 어깨 염좌로 한 달 이상 결장했지만, 6월 2일부터 8월 10일까지 8연승을 달리는 등 호투를 펼쳐나갔다. 특히 6월 18일 콜로라도 로키스Colorado Rockies전에서는 노히터를 달성했다. 볼넷도 사구도 하나도 없었고, 탈삼진은 15개를 뺏어냈다. 7회 유격수 헨리 라미레즈Hanley Ramirez의 실책만 나오지 않았다면 퍼펙트게임을 달성할 뻔했을 정도로 완벽한 투구 내용이었다. 무사사구 노히터는 역대 7번째 기록이었다. 시즌이 끝났을 때는 다승왕과 평균자책점 1위를 손에 넣었다. 또 탈삼진은 239개를 잡아냈다. 평균자책점 1.77은 21세기 들어 가장 낮은 수치였고, 4년 연속 평균자책점 1위에 오른 것은 샌디 쿠팩스(1962~1966년) 이후 처음 나온 기록이었다. 운의 요소 등을 제외하고 투수 본인의 순수한 능력을 수치화한 FIP는 1.81인데, 이것은 공인구 반발력이 높아진 1920년 이후 1999년 페드로 마르티네스Pedro Martinez 1.39, 1984년 드와이트 구든Dwight Gooden 1.69에 이은 역대 3번째에 해당하는 기록이었다. 메이저리그 역사에 남을 시즌을 보낸 만큼, 상복도 터졌다. 2년 연속 사이 영 상을 받은 데 이어 MVP도 받았다. 사이 영 상과 MVP를 동시에 받은 것은 역대 11번째이고, 내셔널리그에서 투수가 MVP에 오른 것은 1968년 세인트루이스 밥 깁슨Bob Gibson 이후 쾌거였다. 또한, 사이 영 상 3차례 수상도 역대 9번째 기록이었다. 다만 포스트시즌에서는 디비전시리즈에서 2차례 나와 모두 7회에 무너지며 패배의 원흉이 됐다.

RECORD 사이 영 상 4회 이상 수상자들

CY YOUNG
AWARD WINNER

사이 영 상은 1890년부터 1911년까지 메이저리그에서 활약하며 최다승을 올린 전설적인 대투수 사이 영을 기리며, 그가 작고한 이듬해인 1956년부터 제정돼, 그해 가장 뛰어난 활약을 펼친 투수에게 주어지는 상이다. 처음에는 양대 리그 통합으로 1명을 선정했지만, 1967년부터 양대 리그에서 각각 1명씩 수상자를 배출하고 있다.

ROGER CLEMENS

로저 클레멘스 | 7회

최고 100마일에 이르는 강력한 패스트볼을 던져 '로켓'이라고 불린 오른손 정통파 투수였다. 1984년부터 2007년까지 보스턴 레드삭스에서 데뷔한 후 토론토 블루제이스와 뉴욕 양키스, 휴스턴 애스트로스에서 24년간 활약하며 통산 354승(184패), 4,672탈삼진, 평균자책점 3.12를 남겼다. 그 외에도 다승왕 4차례, 탈삼진왕 5차례, 평균자책점 1위 7차례 등에 올랐다. 그는 보스턴 시절인 1986년과 1987년에 2년 연속 20승 이상을 올리며 사이 영 상 수상자에 선정됐고, 1991년에는 다승왕은 놓쳤지만 평균자책점 1위와 탈삼진왕에 오르며 3번째로 수상했다. 토론토로 이적해서도 1997년과 1998년에는 투수 부문 3관왕에 오르며 2년 연속 사이 영 상 수상자가 됐다. 양키스 시절인 2001년에는 16연승을 기록하는 등 20승(3패)을 사이 영 상을 손에 넣었다. 만 40세로 20승을 올린 것은 1959년 얼리 윈 이후 42년 만에 나온 기록이었다. 이어 휴스턴에서도 2004년 최고령 사이 영 상 수상자(만 42세 2개월)가 됐다. 유니폼을 입은 4개 팀에서 모두 사이 영 상을 받았고, 이것 역시 메이저리그 기록이다. 화려한 성적을 남긴 만큼, 은퇴 후 명예의 전당 입성은 시간문제일 듯 했지만, 금지약물 복용 의혹이 불거지며, 결국에는 2022년 65.2% 득표에 그치며 자격을 잃었다.

RANDY JOHNSON

랜디 존슨 | 5회 메이저리그에서 22년간 활약하며 통산 303승 166패 2세이브, 평균자책점 3.29 등을 기록한 최고의 왼손 투수로 평가받고 있다. 100마일을 웃도는 빠른 공과 함께 강력한 슬라이더를 앞세워 무수한 삼진을 잡아냈다. 놀란 라이언에 이어 역대 2위인 통산 4,875탈삼진 기록을 보유하고 있다. 시애틀 시절인 1992년부터 각성하기 시작해 1995년 18승 2패를 기록하며 첫 사이 영 상을 받았다. 1998년 휴스턴으로 트레이드된 뒤, 1999년부터 애리조나로 이적해 만 35세의 나이로 전성기를 맞이했다. 이해부터 2002년까지 4년 연속 사이 영 상을 받는 위업을 달성했다. 다승왕은 1차례(2002년)밖에 기록하지 못했지만 평균자책점 1위 4차례, 최다 탈삼진 1위를 9차례나 손에 넣었다. 이후, 뉴욕 양키스 등을 거친 뒤 2009년 샌프란시스코에서 은퇴했다.

STEVE CARLTON

1968년 시즌이 끝난 뒤, 미일 올스타전에 참가해 일본인 투수들이 던지는 슬라이더에 흥미를 느껴, 주 무기로 삼으며 1970년대 최고의 왼손 투수로 메이저리그를 호령했다. 이전까지는 각이 작은 슬라이더를 던졌는데, 크게 휘어져 나가는 슬라이더로 바꾼 게 성공의 비결이었다. 1972년 다승왕과 평균자책점, 탈삼진 1위에 오르며 첫 사이 영 상을 손에 넣었다. 이어 1977년과 1980년, 1982년에도 사이 영 상 수상자가 되며 당시로는 사이 영 상 최다 수상자로 명성을 떨쳤다. 메이저리그에서 24시즌을 뛰면서 통산 329승 244패 2세이브 평균자책점 3.22를 기록했다. 다승왕에는 4차례, 탈삼진왕에 5차례 올랐다. 다만 노히터와는 인연이 없어, 1안타 경기만 6차례 기록했다. 현역 시절, 언론매체와는 앙숙이라서, 인터뷰 등을 거부하는 선수로 유명했다. 1981년 멕시코 출신인 페르난도 발렌수엘라가 맹활약하자, 어느 기자는 "내셔널리그 최고 투수 2명은 영어를 할 줄 모른다"라며 "그 2명은 페르난도 발렌수엘라와 스티브 칼튼"이라고 비꼰 일화도 있다.

GREG MADDUX

그 시절 STORY 우리가 좋아했던 트리오

그렉 매덕스 | 4회 90마일에도 이르지 않는 느린 공 평균 구속에도 통산 355승(227패)을 거뒀다. 그만큼 제구력이 정교했기 때문이다. 매덕스 자신도 "구속보다는 제구"라며 "이른 볼 카운트에서 범타로 잡아내는 투구가 이상적"이라고 밝혔다. 그는 13차례나 100구 이하로 완봉승을 거뒀다. 1992년부터 1995년까지 4년 연속 사이 영 상을 받았고, 다승왕 3차례와 평균자책점 1위에 4차례 올랐다. 또한 골든글러브를 무려 18차례나 받았을 정도로 수비도 뛰어났다. 이것은 메이저리그 역대 최다 기록이다. 다만 슬라이드 스텝이나 견제 등에는 크게 신경 쓰지 않았다. "도루를 허용해도 실점하지 않으면 된다"라고 생각했기 때문이다.

메이저리그에 데뷔하자마자 별다른 적응기도 없이 곧장 활약한 류현진을 통해, LA 다저스는 또 한 번 한국 팬들의 큰 사랑을 받았다. 동료들에 관한 관심도 빠르게 확산되었는데, 그 중심에는 류현진의 동료 투수이자 함께 '트리오'를 구축했던 커쇼와 잭 그레인키가 있었다.

앞서 프롤로그에 적었던 것처럼, 류현진의 메이저리그 진출 첫 해 개막전에서 8회 말 팀의 첫 득점이 된 솔로 홈런을 터뜨렸을 뿐만 아니라 100구 미만 투구 수로 완봉승까지 따낸 커쇼는 그 한 경기로 강한 인상을 남겼다. 그의 활약을 주로 숫자와 수상 실적 등으로 접했던 국내 팬들에게 그가 펼쳐 보인 야구는 메이저리그에 대한 환상을 심어주기에 충분했다. 반면 그레인키는 조금은 '다른' 매력으로 화제를 낳았다. 류현진의 메이저리그 첫해였던 2013년, FA 계약을 맺고 다저스에 새로이 입단한 그레인키는 당시에도 리그 정상급 투수 중 한 명으로 탁월한 기량을 인정받고 있었다.

하지만 그를 더욱 특별하게 만드는 것은 그가 가진 엉뚱함 때문이었다. 예를 들어, LA의 교통체증이 심하다며 "헬리콥터를 몰아볼까 생각했는데, 구장에는 착륙이 안 되는 것 같더라"라는 인터뷰를 하는 모습이나, 저조한 성적을 타개하고자 소집된 긴급 미팅에서 "몇몇 선수들이 화장실에서 볼일 보고 나서 손을 씻지 않는다. 다들 위생에 조금 더 신경 써줬으면 좋겠다"라는 소신 발언(?)은 한국에서도 주목을 받았다. 이처럼 개성이 뚜렷한 동료 투수들과 함께 2013년 내셔널리그 서부지구 디비전 우승을 탈환한 다저스가 한국에서 큰 상품성을 갖는 것은 당연한 일이었다. 이듬해 국내의 한 식품 기업은 류현진을 라면 광고 모델로 기용했는데, 이때 커쇼와 동료들을 모티브로 한 대역 배우들도 함께 등장해 큰 웃음을 주었다. 이 광고는 미국 현지에서도 화제가 되었는데, 2014년뿐만 아니라 2018년과 2020년, 두 차례에 걸쳐 메이저리그 공식 홈페이지에도 소개되었다.

우리가 좋아했던 트리오

LEGEND LA PITCHER

LA 다저스 역대 레전드 투수

1884년, 브루클린에서 시작된 다저스의 역사는 LA로 연고지를 이전한 이후에도 계속해서 스타를 배출하며 눈부시게 반짝이고 있다. 그중에서도 '투수 왕국'이라 불릴 만큼 많은 에이스를 배출해 냈는데, 커쇼는 쟁쟁한 선배들과 함께 거의 모든 주요 부문에서 상위에 이름을 올리고 있다.

WINS	INNINGS	ERA	STRIKEOUTS
233 돈 서튼	3816.1 돈 서튼	2.31 제프 페퍼	3052 클레이튼 커쇼
223 클레이튼 커쇼	3432 돈 드라이스데일	2.42 냅 러커	2696 돈 서튼
209 돈 드라이스데일	2857 브릭야드 케네디	2.53 클레이튼 커쇼	2486 돈 드라이스데일
190 대지 밴스	2855.1 클레이튼 커쇼	2.76 샌디 쿠팩스	2396 샌디 쿠팩스
177 브릭야드 케네디	2757.2 대지 밴스	2.91 셰리 스미스	1918 대지 밴스

> 드디어 미래 명예의 전당 헌액자가 우승 반지를 얻습니다.

_ 조 벅 2020년 월드 시리즈가 끝난 후 중계 화면에 잡힌 커쇼를 보며

3000 Kershaw

3,000탈삼진 커쇼, 역사를 쓰고 역사에 남다

커쇼는 가을 야구에서 항상 부진하다는 평가를 받을 정도로 좋지 못한 모습을 보여주었다. 그리고 마침내, 커쇼는 세간의 평가를 반전시키며 2020 월드 시리즈에서 우승 트로피를 받게 되며 '모든 것을 가진 선수'가 된다

PLAYOFF

플레이오프 : 부상에 빠진 커쇼의 분투

2015년은 시즌 초반 시범 경기에서 타구에 맞아 치아가 깨지는 부상 탓인지 부진한 투구가 이어졌다. 5월까지 10경기에 나와 평균자책점 3.86을 기록하며 피홈런도 6개나 허용했다. 특히, 5월 21일 샌프란시스코전에서는 상대 선발 매디슨 범가너 Madison Bumgarner에게 홈런을 맞으며 투수에게 생애 첫 피홈런을 기록했다. 올해는 커쇼가 예년과는 다르다는 말이 나올 법했지만, 6월부터 정상 궤도에 올랐다. 7월 3일부터 8월 1일까지 37이닝 연속 무실점 행진을 이어갔고, 7월 한 달 동안 4경기에 나와 33이닝을 던지며 실점은 단 1점에 그쳤다. 시즌이 끝났을 때는 처음으로 300탈삼진 고지(301개)를 밟으며 3번째 탈삼진왕에 올랐다. 다만 사이 영 상 투표에서는 3위에 그쳤고, 4년 연속 1위에 올랐던 평균자책점 역시 3위에 머물렀다. 포스트시즌에서는 뉴욕 메츠와의 디비전 시리즈 4차전에서 7이닝 1실점을 하며 승리 투수가 돼 포스트시즌 5연패의 악몽에서 벗어났다. 그러나 5차전에서 팀이 패배하며 경기에서 더 뛸 일이 사라졌다.

2016년은 돌이켜보면 커쇼의 야구 인생에 있어 큰 분기점이 됐다. 시즌 초반부터 압도적인 투구를 이어갔다. 개막전부터 16차례 등판한 가운데 14경기에서 퀄리티 스타트를 달성했고, 완봉승도 3차례나 기록했다. 11승(2패)과 함께 탈삼진은 145개를 뺏어냈고, 평균자책점은 1.79. 메이저리그 역사에 남을 시즌이 될 것으로 예상하는 목소리가 여기저기에서 나왔지만, 7월 1일 허리 디스크로 장기간 이탈하며 모든 것은 신기루처럼 사라졌다. 이 허리 부상은 커쇼의 고질병이 되고, 이후로는 어깨와 다리에도 부담을 줘 크고 작은 부상에 시달리게 됐다. 2달이 지난 9월 9일 복귀해 5경기에 등판했지만 규정 이닝을 채우기는 어려웠다. 포스트 시즌의 디비전 시리즈에선 3차례 나와 1승 1세이브를 기록했다. 5차전에서 9회 나와 세이브를 올리며 팀 승리를 지켜냈다. 커쇼가 세이브를 올린 것은 2006년 마이너리그 루키리그 이후 10년 만이었다. 챔피언십 시리즈에서는 2차전에서 7이닝 무실점하며 승리 투수가 되며 포스트시즌 악몽에서 벗어나는 듯했지만, 6차전에서는 5이닝 5실점으로 무너졌고, 팀도 월드시리즈 진출에 실패했다. 2017년에도 7년 연속 개막전 선발로 나서서 승리하며, 개막전 통산 5승 무패를 기록했다. 이것은 과거 샌디 쿠팩스와 함께 강력한 원투 펀치를 이뤘던 돈 드라이스데일Don Drysdale과 어깨를 나란히 하는 구단 기록이었다. 또한, 6월 2일 밀워키 브루어스전에서는 역대 79번째로 통산 2,000탈삼진도 달성했다. 시즌 도중 허리 부상도 있어 27경기 출장에 그쳤지만 18승을 올리며 3번째 다승왕에 올랐다. 포스트시즌에서는 디비전 시리즈와 챔피언십 시리즈에서 팀이 승리하며 월드시리즈에 진출해서 7차전까지 가는 혈전을 펼쳤지만, 승리의 여신은 휴스턴에 미소를 지었다. 5차전에서 4.2이닝 6실점으로 패배를 기록한 게 아쉬움이 남는 장면이었다.

2015
2016
2017

33경기 **33**선발 **232.2**이닝 **62**실점 **55**자책 **42**볼넷 **301**탈삼진 **16**승 **7**패 **2.13**ERA
21경기 **21**선발 **149**이닝 **31**실점 **28**자책 **11**볼넷 **172**탈삼진 **12**승 **4**패 **1.69**ERA
27경기 **27**선발 **175**이닝 **49**실점 **45**자책 **30**볼넷 **202**탈삼진 **18**승 **4**패 **2.31**ERA

포스트시즌에서 악몽,
그래도 해피엔딩

커쇼는 은퇴 후 명예의 전당에 헌액되는 게 당연시되는 대투수다. 몇 퍼센트로 통과하느냐에 관심이 쏠릴 정도다. 2024년까지 통산 평균자책점은 2.50이고, 이것은 공인구 반발력이 높아진 1920년 이후로 2,000이닝 이상을 던진 투수 중 가장 낮은 수치다. 게다가, 파크 팩터 등을 고려한 평균자책은 156으로 역대 1위다. 사이 영 상도 3차례나 수상했다. 지구의 운명을 가르는 단판 승부가 있다면 선발은 전성기 커쇼라고 해도 과언은 아니다. 그런데 시즌에서 극강의 모습을 보이는 커쇼였지만, 포스트시즌만 되면 평범한 투수로 전락한다. 포스트시즌에서는 39경기에 나와 평균자책점 4.49. 사이 영 상을 2차례 이상 받은 투수 22명 중 끝에서 3번째다. 커쇼보다 포스트시즌에서 더 높은 평균자책점을 기록한 이는 게일로드 페리Gaylord Perry(6.14)와 브렛 세이브하겐Bret Saberhagen(4.67)뿐이다. 역대 최고의 왼손 투수 중 한 명이라는 커쇼는 어째서 포스트시즌만 되면 거인국에 간 걸리버가 되는 것일까? 우선은 심리적인 문제를 들 수 있다. 커쇼가 황금기를 구가하던 2014년 세인트루이스와의 디비전에서 2차례 선발로 나와 단 한 번도 이기지 못한 채 2패만을 안았다. 평균자책점도 무려 7.82. 특히 4차전에 선발로 나와 6이닝 3실점하며 패전 투수가 됐고, 팀의 가을 야구도 조기에 끝났다. 경기 후, 커쇼는 "최악의 날"이라며 "또다시 (7회에 부진한) 데자뷔가 일어났다. 이렇게 시즌이 끝난 것은 내 잘못이 크다"라고 자책했다. 1차전에서도 6회까지 2실점하며 6-2 리드를 지켜나갔지만, 7회 난타를 당하며 6실점했다. 3일 휴식 후 등판한 4차전 역시 6회까지는 무실점 역투했지만 7회 맷 아담스Matt Adams에게 역전 3점 홈런을 허용했다. 2013년 챔피언십에서도 세인트루이스에 2경기 모두 패전 투수가 됐다. 1차전에서는 잘 던지고도 득점 지원을 못 받았지만, 4차전에선 배팅볼 투수로 빙의한 듯 4이닝 10피안타 7실점하며 마운드를 내려왔다. 이런 아픈 경험이 포스트시즌 승부처에서 다시 실패할 수도 있다는 불안과 부담감으로 의식적이든 무의식적이든 작용해 투구에 영향을 줬다고 볼 수 있다.

111

포스트시즌에서 악몽,

그래도 해피엔딩

실제로 투수는 더 신중하게 던지려고 한 게 투구 밸런스가 살짝 어긋나거나 볼 배합에서 악수가 될 때가 잦다. 커쇼 또한 그러면서 매년 고개를 숙이고 자책하는 커쇼의 모습이 반복됐다. 다만 커쇼가 새가슴이라서 포스트시즌에 약하다는 것은 근거가 없는 주장이다. 새가슴이라는 정의가 불분명하다. 원래 새가슴은 불펜 투구나 연습 경기에서는 좋은 공을 던지다가, 경기에 들어가면 구위가 약해지거나 제구가 흔들리는 투수를 뜻한다. 커쇼는 개막전이라는 큰 무대에서 무려 9차례 나와 5승 2패를 기록했다. 2021년을 제외하고는 항상 이름값에 걸맞은 투구를 펼쳤다. 또한, 포스트시즌에서도 경기 초반에 무너진 경기는 그렇게 많지는 않다. 2023년 디비전에서 애리조나전처럼 초반 대량 실점한 몇 경기가 뇌리에 강하게 남아 있는 게 크다. 외계인 페드로 마르티네스의 포스트시즌 통산 평균자책점은 3.46이다. 시즌 때의 활약과 비교하면 다소 아쉽지만, 마르티네스가 포스트시즌에 약하다는 이미지는 없다. 그런데 선발로 나온 경기에서 이기면 우승을 확정 짓거나, 혹은 패하면 가을야구 탈락이 결정되는 경기에서 평균자책점은 5.92다. 이처럼 중요한 경기의 정의를 어떻게 내리느냐에 따라 새가슴이 되는 대투수는 꽤 늘어날 수밖에 없다. 커쇼가 부진한 또 다른 원인은 잦은 등판에서 찾을 수 있다. 그 대표적인 예가 2016년이다. 이때 커쇼는 모두 5차례(선발 4차례) 마운드에 올랐다. 워싱턴 내셔널스와의 디비전 1차전에 등판해 5이닝(3실점)을 던지고 나서 3일 쉰 후 4차전에 선발로 나왔다(6.2이닝 5실점). 하루 쉰 뒤 5차전에서는 마무리로 9회 1사 후 마운드에 올랐다(0.2이닝 무실점), 이어 이틀 쉬고 나서 시카고 컵스와의 챔피언십 2차전에 선발로 등판했다(7이닝 무실점). 다음 선발 등판은 6차전. 5일 휴식 후 마운드에 올랐지만 5이닝 5실점으로 무너지며 패전의 멍에를 썼다. 디비전 1차전부터 챔피언십 2차전까지 8일 동안 4차례나 마운드에 올랐다.

포스트시즌에서 악몽,

투구 수는 모두 302구. 포스트시즌 1경기는 정규 시즌 때보다 심신의 피로도가 더 크다. 단기전이라 더 집중해야 하고, 전력투구를 이어가기 때문이다. 그런 상황에서 8일간 선발 3차례를 포함해 4차례 등판하는 것은 무리일 수밖에 없다. 그리고 체력은 한번 고갈되면 며칠 더 쉰다고 회복되는 게 아니다. 게다가, 이 무리한 등판이 허리 부상을 더 악화시켰고, 결국에는 끊임없는 부상으로 이어지게 된 시작점이라고 해도 틀림없다. 포스트시즌이라 믿는 선수를 더 쓸 수밖에 없지만, 그것도 정도가 있는 법이다. 그 정도를 벗어난 마운드 운영이 커쇼와 같은 에이스의 부진으로 나타나고, 더 나아가서는 부상의 원인이 된다. 사실 벤치 측에서도 에이스나 주축 선수를 교체하는 데 있어 어려움이 있다. 구위 등을 봤을 때 바꿔야 하는 상황이지만, 이른바 '에이스에 대한 예우'가 있어 과감하게 빠르게 투수 교체하는 게 쉽지 않다. 선수가 다소 이른 교체를 받아들이지 못하면 그 선수는 물론이고, 팀 분위기도 나빠진다. 여기에 커쇼는 투쟁심이 넘치는 선수다. 요즘 선수답지 않게 6이닝을 던져도, 100구를 채워도 더 던지려고 한다. 선발 등판한 경기는 내가 책임진다는 강인함은 선수에게 요구되는 조건이지만, 거꾸로 몸 상태가 안 좋을 때는 독이 된다. 5이닝밖에 못 던지고 마운드를 내려왔을 때 커쇼의 험악한 표정은 자책감의 표현이다. 이런 복합적인 요소가 더해져 포스트시즌에서 커쇼는 악몽을 꿀 수밖에 없었다. 그래도 2020년 월드시리즈에서 탬파베이 레이스를 상대로 2경기에 나서 2승과 함께 평균자책점 2.31을 기록하며 염원의 '우승 반지'를 손에 넣었다. 2번째 사이 영 상을 탔을 때, "할 수만 있다면 (사이 영 상을) 우승 반지와 바꾸고 싶다"라고 소감을 밝힌 그였기에, 그 기쁨은 더욱 컸다.

그래도 해피엔딩

CY YOUNG AWARD

LA 다저스 소속 투수의 사이 영 상 수상 현황

다저스를 '투수 왕국'이라 부르는 많은 이유 중 하나는 사이 영 상 수상에 있다. 다저스는 메이저리그에서 가장 많은 팀 사이 영 상 수상 기록(12회)을 갖고 있다. 2010년대 최고의 투수로 군림했던 커쇼는, 같은 좌완 투수로서 자신이 가장 동경했던 60년대의 에이스 쿠팩스와 나란히 세 차례 영광의 주인공이 된 바 있다.

- **1956** 돈 뉴컴
- **1962** 돈 드라이스데일
- **1963** 샌디 쿠팩스
- **1965** 샌디 쿠팩스
- **1966** 샌디 쿠팩스
- **1974** 마이크 마샬
- **1981** 페르난도 발렌수엘라
- **1988** 오렐 허샤이저
- **2003** 에릭 가니에
- **2011** 클레이튼 커쇼
- **2013** 클레이튼 커쇼
- **2014** 클레이튼 커쇼

2008

2경기 **2.0**이닝 **1**실점 **1**자책 **2**볼넷 **1**탈삼진 **4.50**ERA

데뷔 첫해부터 포스트시즌 로스터에 포함돼 필라델피아 필리스와의 디비전에서 2경기에 등판했다. 2차전에서 5-8로 뒤진 7회 마운드에 올라 1.2이닝 무실점을 기록했다. 안타 없이 볼넷 하나를 내줬고, 삼진도 하나를 뺏어냈다. 포스트시즌 첫 탈삼진의 제물은 유격수 지미 롤린스Jimmy Rollins였다. 4차전에서는 4-1로 앞선 6회 마운드에 올랐지만, 볼넷과 안타를 허용하며 1사 2, 3루에서 마운드를 박찬호에게 넘겨줬다. 박찬호의 폭투로 3루 주자 라이언 하워드가 홈을 밟아, 포스트시즌 첫 실점을 기록했다. 첫 피안타는 팻 버렐Pat Burrell에게 좌전 안타를 맞았다.

2009

3경기 **2**선발 **13.1**이닝 **9**실점 **9**자책 **6**볼넷 **6**탈삼진 **1**패 **6.18**ERA

세인트루이스와의 디비전 2차전에 포스트시즌 첫 선발로 나섰다. 6.2이닝 동안 맷 할러데이에게 솔로 홈런을 허용하는 등 2실점 호투를 펼쳤다. 삼진은 4개를 잡아냈고, 다저스는 마크 로레타Mark Loretta의 끝내기 안타로 3-2 승리를 거뒀다. 챔피언십에서는 1차전에 선발로 나서서 필라델피아 필리스 에이스 콜 해멀스Cole Hamels와 맞대결을 펼쳤지만, 4.2이닝 동안 5실점하며 패전 투수가 됐다. 이어 5차전에서 2-6으로 뒤진 5회에 등판해 2이닝 2실점을 했고, 다저스의 가을 야구도 막을 내렸다.

2013

4경기 **4**선발 **23**이닝 **11**실점 **8**자책 **7**볼넷 **28**탈삼진 **1**승 **2**패 **3.13**ERA

애틀랜타 브레이브스와의 디비전에서는 압도적인 투구를 펼쳤다. 1차전에서는 초반엔 제구가 다소 흔들렸지만 경기 중반부터는 제 실력을 발휘했다. 특히 4회 2사 후 안드렐톤 시몬스Andrelton Simmons부터 6회 프레디 프리먼Freddie Freeman까지 6타자 연속 삼진을 뺏어내는 등 7이닝 동안 12탈삼진(1실점)을 기록했다. 이것은 다저스 역대 투수 중 포스트시즌에서 한 경기 최다 탈삼진 3위에 해당했다. 1위는 샌디 쿠팩스가 1963년 월드시리즈 1차전에서 기록한 15탈삼진이고, 2위는 칼 어스킨Carl Erskine이 1953년 월드시리즈 3차전에서 거둔 14탈삼진이었다. 이어 3일 휴식 후 4차전에도 선발 등판해 6이닝 2실점(비자책) 하는 호투를 펼쳤다. 하지만 세인트루이스 카디널스와의 챔피언십에서는 2차전에선 6이닝 1실점(비자책) 했지만 타선의 지원을 받지 못해 패전 투수가 됐다. 그리고 6차전에서는 주심의 존 설정 실패와 수비의 도움을 받지 못한 채 4이닝 동안 7실점 하며 무너졌고, 포스트시즌 악몽의 시발점이 됐다. 팀도 2승 4패로 월드시리즈 진출에 실패했다.

POSTSEASON
2008-2023

2009 세인트루이스와의 디비전 2차전에 포스트시즌 첫 선발

POSTSEASON
2008-2023

2015 뉴욕 메츠와 만난 디비전

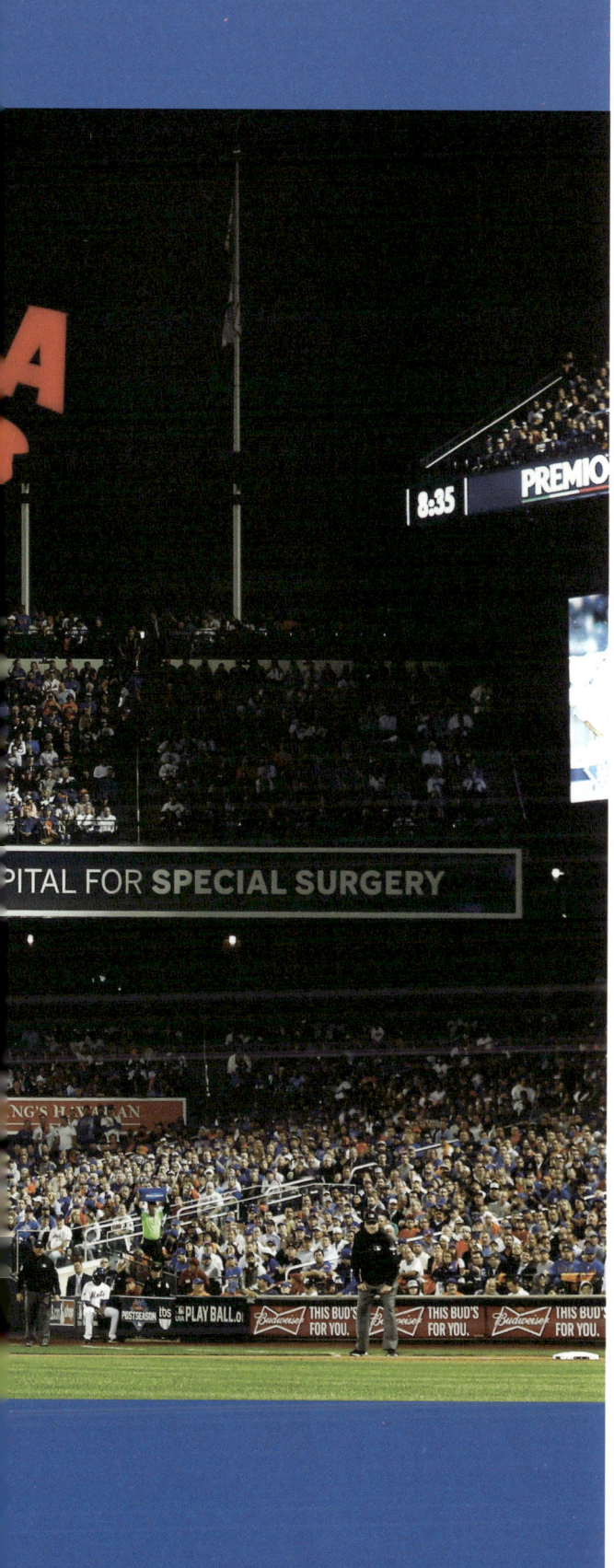

2014

2경기 **2**선발 **12.2**이닝 **11**실점 **11**자책
2볼넷 **19**탈삼진 **2**패 **7.82**ERA

2013년 챔피언십에서 만났던 세인트루이스를 디비전에서 만났다. 커쇼도 다저스도 복수혈전을 꿈꿨지만, 현실은 악몽이 됐다. 1차전에서는 6회까지는 홈런 2개를 내줬지만 2실점으로 막아냈다. 하지만 또다시 7회에 무너졌다. 7회에만 2아웃을 잡는 동안 6안타를 허용하며 6실점 했다. 포스트시즌 역대 최초로 2경기 연속 7실점 이상 내준 투수라는 불명예는 덤. 이어 3일 쉰 후 4차전에 다시 선발로 나섰다. 이날도 6회까지는 무실점으로 막아내며 '역시 커쇼'라는 분위기였지만, 7회가 통곡의 벽이 됐다. 무사 1, 2루에서 맷 아담스에게 밋밋하게 들어간 커브가 역전 3점 홈런을 허용한 것. 커쇼의 커브가 좌타자에게 맞은 첫 홈런이었다. 커쇼는 고개를 떨구었고, 다저스도 1승 3패로 무릎을 꿇었다.

2015

2경기 **2**선발 **13.2**이닝 **4**실점 **4**자책
5볼넷 **19**탈삼진 **1**승 **1**패 **2.63**ERA

뉴욕 메츠와 만난 디비전에서는 2014년과 마찬가지로 1차전에 이어 3일 휴식 후 4차전에 선발로 나섰다. 제이콥 디그롬 Jacob deGrom과 맞대결을 펼친 1차전에서는 6.2이닝 동안 3실점 하는 호투를 펼쳤지만 팀 타선의 지원을 받지 못하며 패전 투수가 됐다. 4차전에서는 7이닝 1실점 하면서 승리를 올렸다. 포스트시즌 5연패를 끊는 역투였다. 그러나 다저스는 5차전에서 패하며 가을 야구를 조기에 마감했다.

2016

**5경기 4선발 24.1이닝 13실점 12자책 4볼넷 29탈삼진
2승 1패 1세이브 4.48ERA**

일본 프로야구에서 곤도 히로시Hiroshi Gondoh 전 주니치 감독은 현역 시절인 1961년 69경기(44선발)에 출장했다. 그해 팀이 치른 경기 수는 130게임. 팀 경기의 50% 이상을 책임지며 연투한 것에 빗댄 "곤도, 곤도, 비, 곤도"라는 말이 유행했다. 2016년 포스트시즌에서 커쇼 역시 곤도만큼은 아니지만 바쁘게 마운드에 올랐다. 디비전에서 1, 4, 5차전에 출전한 뒤, 챔피언십에서도 2, 7차전에 등판했다. 다저스가 치른 11경기 중에 50%에 가까운 5경기에 출장했고, 8일 동안 4경기에 등판하는 가혹한 노동 환경이었다. 워싱턴 내셔널스와의 디비전 1차전에서는 5이닝 동안 3실점 했지만 타선이 상대 에이스 맥스 슈어저Max Scherzer를 공략하며 승리를 따냈다. 4차전에서는 6회까지 2실점으로 막아냈지만 7회 3실점 하며 패전 투수가 됐다. 5차전에서는 9회 1사 1, 2루에서 구원 등판해 2타자를 깔끔히 막아내며 메이저리그 첫 세이브를 올렸고, 팀은 챔피언십에 진출했다. 챔피언십 2차전에서는 1회부터 4회까지 4이닝 연속 삼자범퇴로 잡아내는 등 7이닝 무실점 역투로 승리를 올렸다. 그러나 6차전에서는 5이닝 동안 홈런 2개를 맞으며 5실점(4자책) 하며 패전 투수가 됐고, 팀도 월드시리즈 진출에 실패했다.

2017

**6경기 5선발 33이닝 14실점 14자책 10볼넷 33탈삼진
3승 3.82ERA**

애리조나 다이아몬드백스와의 디비전 1차전에 선발로 나와 6회까지는 2실점 하며 상대 타선을 잘 봉쇄했지만, 7회 백투백 홈런을 허용했다. 결국, 6.1이닝 4실점 했지만 4회까지 7득점 한 타선의 지원이 있어 승리 투수가 됐다. 이날 포스트시즌에서는 처음으로 피홈런 4개를 허용했는데, 이것은 역대 포스트시즌 한 경기 최다 피홈런 타이기록이었다. 시카고 컵스를 상대로 한 챔피언십에서는 1, 5차전에 선발 등판했다. 1차전에서는 5이닝 2실점 했고, 5차전에서는 4회까지 6득점 한 타선의 엄호 속에 6이닝 1실점 하며 승리 투수가 됐다. 그리고 마침내 커쇼는 첫 월드시리즈 무대를 밟게 됐고, 다저스는 1988년 이후 29년 만에 월드시리즈에 진출했다. 월드시리즈 상대는 휴스턴 애스트로스. 1차전에서는 7이닝을 3피안타 무실점으로 막아내며 승리를 따냈다. 삼진은 11개를 솎아냈는데, 월드시리즈에서 무사사구로 11탈삼진을 기록한 것은 1949년 돈 뉴컴Don Newcombe 이래 2번째 기록이었다. 또한 월드시리즈에서 두 자릿수 탈삼진은 기록한 것도 2001년 랜디 존슨Randy Johnson 이후 16년 만에 나왔다. 그러나 5차전에서는 3회까지는 완벽에 가까운 투구를 보였지만 4회 율리에스키 구리엘Yuli Gurriel에게 3점 홈런을 맞는 등 4.2이닝 6실점 하며 무너졌다. 다만 후에 휴스턴이 사인 훔치기를 조직으로 한 만큼, 이날의 부진은 이해할 수 있는 상황이 됐다. 3승 3패로 맞선 7차전에도 구원으로 나와 4이닝 무실점 했지만 팀이 4점 뒤진 상황이라 큰 의미는 없었다. 그렇게 커쇼와 다저스의 월드시리즈는 쓰레기통에 묻혔다.

POSTSEASON
2008-2023

2016 워싱턴 내셔널스와의 디비전

POSTSEASON
2008-2023

2020 탬파베이 레이스와 만난 월드시리즈

2018

6경기 **5**선발 **30**이닝 **15**실점 **14**자책 **7**볼넷 **23**탈삼진 **2**승 **3**패 **4.20**ERA

애틀랜타 브레이브스와 만난 디비전에서는 1차전이 아닌 2차전 선발로 나섰다. 이것에 대해 데이브 로버츠Dave Roberts 감독은 "류현진과 함께 커쇼에게 5일 휴식을 주기 위한 선택"이라고 밝혔다. 이전과 달리 커쇼의 몸 상태 관리도 신경 쓴 것. 커쇼는 최고의 투구로 화답했다. 탈삼진은 3개에 그쳤지만 8이닝 2피안타 무실점 역투를 펼쳤다. 투구 수도 85개라 완봉승도 기대해 봄 직했지만, 벤치는 과감하게 교체하며 포스트시즌이라는 단축 마라톤에 대비했다. 챔피언십 상대는 밀워키 브루어스. 커쇼는 6일을 쉰 후 1차전에 마운드에 올랐다. 하지만 슬라이더 제구에 어려움을 겪는 가운데 수비진의 실책도 겹치며 3이닝 5실점(4자책) 하며 고개를 떨구었다. 커쇼가 5실점 이상 내준 경기는 역대 포스트시즌 최다인 8차례가 됐다. 그래도 5차전에서는 7이닝 동안 1실점 하는 역투를 펼치며 에이스다운 모습을 나타냈다. 팀은 7차전까지 혈전 끝에 2년 연속 포스트시즌에 진출했다. 월드시리즈 1차전에서는 보스턴 레드삭스 에이스 크리스 세일Chris Sale과 맞대결을 펼쳤는데, 두 투수 다 부진한 투구로 4이닝 만에 마운드를 내려왔다(커쇼 4이닝 5실점/세일 4이닝 3실점). 이어 1승 3패로 벼랑 끝에 몰린 5차전에 나와, 7이닝 4실점 하며 패전 투수가 됐다. 또다시 반지 원정대의 도전은 실패로 끝났다.

2019

2경기 **1**선발 **6.1**이닝 **5**실점 **5**자책 **1**볼넷 **5**삼진 **1**패 **7.11**ERA

워싱턴 내셔널스와 만난 디비전 2차전에 등판해 경기 초반 3실점 했지만 3회부터 7회까지 무실점으로 막아냈다. 하지만 팀 타선이 2득점 하는 데 그쳐 패전 투수가 됐다. 2승 2패로 맞선 최종 5차전에서는 3-3 동점으로 맞선 7회 2사 1, 2루에서 구원 등판해 삼진을 잡아내며 위기 탈출. 그러나 8회 백투백 홈런을 내주며 2실점 한 채 마운드를 내려왔다.

2020

5경기 **5**선발 **30.2**이닝 **10**실점 **10**자책 **5**볼넷 **37**삼진 **4**승 **1**패 **2.98**ERA

밀워키와 와일드카드 2차전에서 슬라이더를 적극적으로 활용하며 8이닝 무실점 역투. 삼진도 13개나 뺏어냈다. 이 승리로 포스트시즌 통산 10승째를 달성했다. 이어 디비전(샌디에이고 파드리스) 2차전에서는 6이닝 3실점 하며 승리 투수가 됐지만, 챔피언십 4차전에서는 5이닝 4실점 하며 패전 투수가 됐다. 하지만 팀이 5차전에서 이기며 2년 만에 3번째 월드시리즈에 진출했다. 탬파베이 레이스와 만난 월드시리즈에서는 1차전과 5차전에 선발로 나섰다. 1차전에서는 6이닝 1실점 하며 승리를 따냈다. 이어 2승 2패로 맞선 5차전에서는 5.2이닝 2실점 했지만, 타선이 초반 4득점을 지원해 줘 승리 투수가 됐다. 이날 4회 2사 1, 3루에서 마누엘 마르고Manuel Margot의 홈스틸을 잡아낸 게 가장 결정적인 장면이었다. 커쇼는 "홈 플레이트를 벗어난 공을 던진 것은 직감과 같은 것"이었다며 "이전에도 비슷한 경험을 한 게 도움이 됐다"라고 밝혔다. 그러면서 "1루수 맥스 먼시Max Muncy가 (공을) 빼라고 외치는 소리가 들려, 그대로 했다"라고 덧붙였다. 그리고 6차전에서 다저스가 3-1로 승리하며 1988년 이후 32년 만에 챔피언의 자리에 올랐다.

2022

1경기 **1**선발 **5**이닝 **3**실점 **3**자책 **6**삼진 **5.40**ERA

디비전에서는 김하성이 뛰는 샌디에이고 파드리스를 만났다. 커쇼는 2차전에 선발로 나와 다르빗슈 유와 맞대결을 펼쳤다. 결과적으로 두 투수 다 3회에 3실점씩 하고 5이닝밖에 던지지 못했다. 이날 커쇼는 6명의 타자를 삼진으로 돌려세웠다. 그중 4회 선두 타자 주릭슨 프로파^{Jurickson Profar}를 헛스윙 삼진을 잡아냈는데, 이것은 역대 최악의 헛스윙 삼진으로 언급되고 있다. 왜냐하면 커쇼가 폭투를 던졌는데 헛스윙했기 때문이다. 커브가 손에 빠져 3m 정도 타자 앞에서 원바운드 했는데도, 프로파의 배트는 허공을 갈랐다. 또한 커쇼는 저스틴 벌랜더^{Justin Verlander}를 밀어내고 포스트시즌 통산 최다 탈삼진 1위에 올랐다(213개).

2023

1경기 **1**선발 **0.1**이닝 **6**실점 **6**자책 **1**볼넷 **1**패 **162.00**ERA

애리조나 다이아몬드백스와의 디비전 1차전에 선발로 나섰는데, 어깨 상태가 좋지 않아 구속이 뚝 떨어진 상황이라 우려의 시선이 적지 않았다. 그 염려대로 커쇼는 아웃카운트 하나를 잡는 동안 홈런 1개를 포함해 장단 6안타를 맞으며 6실점 했다. 경기 후 커쇼는 "실망스럽고 부끄럽다"라며 "호투를 기대한 팬들을 실망시켜 죄송하다"라고 고개를 숙였다.

RECORDS
2008-2023

39 경기
194.1 이닝
102 실점
13 승
51 볼넷

32 선발
213 탈삼진
97 자책
13 패
4.49 평균자책점

POSTSEASON
2008-2023

2022 샌디에이고 파드리스와의 디비전

1 경기 **1** 선발 **8** 이닝 **0** 실점 **1** 볼넷 **13** 탈삼진 **1** 승 **0.00** ERA

WILDCARD

CHAMPIONSHIP SERIES

14 경기 **10** 선발 **57.2** 이닝 **34** 실점 **31** 자책 **19** 볼넷 **53** 탈삼진 **3** 승 **6** 패 **4.84** ERA

17 경기　15 선발　90.1 이닝　49 실점　47 자책　20 볼넷　106 탈삼진　6 승　5 패　4.68 ERA

DIVISION SERIES

WORLD SERIES

7 경기　6 선발　38.1 이닝　19 실점　19 자책　11 볼넷　41 탈삼진　3 승　2 패　4.46 ERA

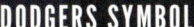

DODGERS SYMBOL

다저스의 상징 : 에이스의 마지막 여정

2018년부터는 매 시즌 끊임없는 부상으로 어려움을 겪고 있다. 부상 영향으로 많은 경기에 출전하지 못했고, 구속도 떨어졌다. 2018년에도 샌프란시스코를 상대로 8년 연속 개막전 선발로 나서서 6이닝 1실점 했지만, 타선의 지원을 받지 못한 채 개막전 첫 패전을 기록했다. 이후, 잘 던지고도 승리를 따내지 못하는 경기가 이어져 5월 1일까지 7경기에 나와 1승 4패에 그쳤다(평균자책점 2.86). 그리고 5월 6일 왼쪽 어깨 부상으로 전력 이탈했고, 복귀한 후에도 허리 위화감으로 한 차례 등판을 걸렀다. 7월 이후 승수를 쌓아나갔지만 시즌 성적은 9승(5패)에 그쳤다. 구속이 떨어졌지만(패스트볼 평균 구속 2017년 92.8→90.8마일), 칼 같은 제구와 슬라이더 비중을 높이는 볼 배합으로 어려움을 타개해 나간 것은 인상적이었다.

포스트시즌에서는 챔피언십 시리즈까지 4경기에 나와 2승 1패, 평균자책점 2.37로 팀의 월드시리즈 진출에 공헌했다. 하지만 대망의 월드시리즈에서는 1차전에서 4이닝 5실점 한 데 이어 5차전에서도 7이닝 4실점 하며 패전의 멍에를 썼다. 팀도 보스턴에 1승 4패로 무릎을 꿇었다. 2019년에는 스프링캠프에서 어깨를 다친 후, 시즌 도중인 4월 15일 복귀했다. 그 결과, 2011년부터 이어오던 개막전 선발 투수 기록도 멈췄다. 복귀 후, 29경기에 나와 평균자책점은 2009년 이후 처음으로 3점대(3.03)를 기록했지만, 16승을 올렸다. 연예인과 커쇼 걱정은 하는 게 아니라는 걸 또 한 번 증명했다. 다만 포스트시즌에서는 또다시 악몽의 연속이었다. 워싱턴과의 디비전 시리즈 2차전에 선발로 나와 6이닝 3실점 하며 패전을 기록한 뒤, 5차전에서는 7회 구원으로 나와 8회 백투백 홈런을 맞았다. 그 결과, 팀도 4년 만에 디비전 시리즈에서 탈락했다. 경기 후, 커쇼는 모든 선수를 일일이 찾아가 사과했고, "사람들이 포스트시즌에서 나(의 부진)에 대해 하는 말이 모두 사실"이라고 자책하며 고개를 숙였다. 코로나 팬데믹의 영향으로 단축 시즌이 된 2020년에도 개막전 선발로 예정됐지만 허리 통증으로 부상자 리스트에 올랐다. 8월 2일 복귀한 후 안정적인 투구를 이어갔다. 특히, 9월 3일 애리조나 다이아몬드백스전에서는 역대 29번째로 2,500탈삼진 고지를 밟았다. 이때 나이는 32세 168일이었고, 이것은 놀란 라이언(31세 101일), 월터 존슨(31세 197일)에 이은 역대 3번째 최연소 기록이었다. 단축 시즌이라서 시즌에서는 6승(2패)에 그쳤지만, 그의 진가는 포스트시즌에서 빛났다. 디비전 시리즈와 챔피언십 시리즈에서 각각 1경기에 나와 모두 승리를 챙긴 후, 월드시리즈에서도 2승을 올리며 생애 첫 우승 반지의 주인공이 됐다. 우승이 확정되는 순간, FOX 스포츠의 조 벅 아나운서는 "드디어 미래의 명예의 전당 헌액자가 우승 반지를 얻었다"라고 외쳤다. 2021년 개막전에는 3년 만이자 9번째 개막전 선발 투수로 나섰다. 그러나 '투수들의 무덤'이라는 쿠어스필드의 벽을 넘지 못한 채 5이닝 6실점 하는 부진한 투구로 패전 투수가 됐다. 구속 하락과 함께 크고 작은 부상이 이어져 시즌에서는 10승(8패)에 그쳤고, 평균자책점도 가장 높은 3.55를 기록했다. 게다가, 10월 1일 밀워키 브루어스전에서 팔꿈치를 다쳐 포스트시즌 로스터에는 포함되지 못했다. 전년도 막판 팔꿈치 부상도 있어, 2022년에는 5번째 선발 투수로 기용돼 4월 13일 미네소타 트윈스전에 시즌 첫 선발로 나섰다. 이날 커쇼는 7이닝을 던지는 동안 실점은 물론, 안타나 사사구도 허용하지 않는 완벽한 투구를 펼쳤다. 투구 수는 80구이고, 탈삼진은 13개. 퍼펙트게임도 기대해 볼만한 상황. 그러나 8회에는 알렉스 베시아Alex Vesia가 마운드에 올랐다. 데이브 로버츠 감독이 커쇼를 교체하는 결단을 내렸고, 커쇼 역시 그 판단에 공감했다.

 "(교체를 결정하는 것은) 쉬운 일은 아니다. 그때는 올바른 판단을 내렸다고 생각한다. 물론, 아침에 일어나서는 '만약 계속 던졌다면 어땠을까'라는 생각도 하겠지만." 로버츠 감독의 근거는 이날 전까지 커쇼는 연습에서도 75구 이상은 물론이고, 6이닝을 던진 적이 없어 무리를 시키지 않은 것이었다. 이후로도 승운이 따르며 5월 초까지 5경기에서 4연승을 달렸다. 특히, 5월 7일 시카고 컵스전에서는 7이닝 무실점을 기록하며 역대 최연소(34세)이자 최소 경기(381경기)로 100번째 무실점 경기를 달성했다. 그러나 경기 후 오른쪽 천장관절염증으로 부상자 리스트에 올랐다. 6월 11일 부상에서 복귀전을 치렀지만, 8월 초 허리 통증으로 다시 전력에서 이탈했다. 9월에 복귀 후 호투를 이어갔지만, 포스트시즌에서는 디비전 시리즈 2차전에 선발 등판해 5이닝 3실점 했다. 팀이 샌디에이고 파드리스에 1승 3패로 무릎을 꿇어, 더 이상 마운드에 오를 일은 없었다. 2023년은 어깨 부상 전후가 명확하게 명암이 갈리는 시즌이었다. 시즌 전반기는 부진했던 5월을 제외하곤 전성기 시절을 떠올리게 하는 투구 내용이었다. 6월 27일까지 16경기에 나와 10승과 함께 평균자책점 2.55를 기록했다. 퀄리티 스타트도 11차례나 거뒀다. 그런데 부상 복귀 후 8경기에서는 3승과 평균자책점 2.23을 기록했다. 성적 자체만 본다면 전반기보다 더 좋은 것 같지만, 그 내용이 썩 좋지 않았다. 패스트볼 구속이 평균 90마일을 밑돌 때도 잦았고, 투수의 순수한 능력을 나타내는 FIP도 3.51에서 5.40으로 치솟았다. 노련한 마운드 운영과 운으로 버텨낸 결과라고 해도 틀림없다. 안타깝게도 그 운은 포스트시즌까지 이어지지 않았다. 애리조나와의 디비전 2차전에 선발로 나서서 아웃카운트 하나를 잡을 동안 6실점 하는 모습을 보이기도 했다. 평균자책점 162.00, 속이 꽉 차다 못해 삐져나온 남자가 됐다. 2023년 시즌이 끝난 뒤

어깨 수술을 받은 커쇼는 2025년 2월 7일 다저스와 재계약을 맺었다. 부상으로 전반기 출장이 어려운 가운데 나온 소식이었다. 이로써 커쇼는 데뷔부터 은퇴까지 한 팀에서 활약한 원 클럽 플레이어로 남게 됐다. FA(자유계약 선수) 제도가 도입된 후 한 팀에서 데뷔해 은퇴하는 게 쉽지 않은데도, 오로지 '푸른 유니폼'만 입었다는 것은 그가 얼마나 다저스를 사랑하고 헌신하는지를 잘 알 수 있게 했다. 커쇼는 5월부터 불펜 투구를 시작해 마운드 복귀에 시동을 걸었다. 6월에는 어깨 부상이 재발해 투구를 중단하는 불상사도 있었다. 다행히도 이후 순조롭게 재활을 이어가, 7월 25일 샌프란시스코전에서 299일 만에 복귀전을 치렀다. 하지만 뜻대로 투구가 되지 않으면서 어려움을 겪었다. 게다가, 7월 31일 샌디에이고전에서는 데뷔 이래 처음으로 탈삼진을 뺏어내지 못하며, 선발 투수로 연속 경기 탈삼진 행진도 423경기로 멈췄다. 이것은 역대 최장 기록이었다. 2위는 톰 시버의 411경기이고, 3위는 놀란 라이언의 382경기였다. 8월 12일 밀워키전에서는 5.1이닝 1실점 투구를 하며 이해 첫 승을 올렸다. 이어 18일 세인트루이스전에서도 6이닝 무실점 역투로 2연승을 거둬 부활의 찬가를 부르는 듯했다. 그러나 불운은 끝나지 않았다. 부상이 그의 발목을 또다시 잡았다. 8월 3일 애리조나전에서 1이닝 3실점 한 뒤, 다리 부상으로 부상자 리스트에 올랐고, 그대로 시즌을 조기에 마감했다. 고작 7경기 등판해 2승에 그쳤다. 포스트시즌에서도 로스터에 포함되지는 않았지만, 선수단과 함께하며 팀의 정신적 지주 겸 응원단장으로 제 몫을 다하며 월드시리즈 우승을

이루어냈다. 월드시리즈 우승 기념 퍼레이드에서는 '종신 다저스'를 선언하며 오로지 '푸른 피의 일족'으로 남게 됐다. 11월 7일 커쇼는 왼쪽 무릎과 발가락 수술을 받았다. 수술 후 재활까지 고려하면 2025년 6월에나 복귀할 수 있으므로, 은퇴설이 솔솔 나오기 시작했다. 게다가, 다저스는 월드시리즈 2연패를 향해 투수진을 대대적으로 보강해 소문은 더더욱 커졌다. 양대 리그에서 사이 영 상을 받은 블레이크 스넬Blake Snell과 일본 최고의 재능 사사키 로키 등이 보강돼, 다저스 선발진에 커쇼의 자리는 없었기 때문이다. 그런데 다저스는 2025년 2월 13일 커쇼와 재계약을 맺었다고 정식으로 발표했다. 8선발을 돌릴 수 있는데도, 재계약을 체결한 것은 커쇼에 대한 예우 차원이라는 시각이 일반적이었다. 하지만 이 재계약에 대한 답은 브랜든 곰스 단장의 말에서 찾을 수 있다. 곰스 단장은 "우리가 하는 일은 최대한 재능 있는 팀을 구성하는 것"이라며 "트레이드 데드라인에 적극적으로 나서지 않는 게 우리 목표"라고 밝혔다. 즉, 커쇼는 다저스 선발진의 부상과 부진에 대비한 보험이었다. 그리고 곰스 단장의 커쇼라는 보험은 2025년 시즌에 큰 힘이 됐다. 기대를 모았던 사사키 로키의 부진과 블레이크 스넬의 부상 등으로 마운드 운영에 어려움을 겪는 가운데, 예상보다 빠른 5월 중순에 복귀해 다저스 마운드의 버팀목이 됐다. 물론, 과거와 같은 에이스의 모습은 아니었지만 풍부한 경험을 앞세운 노련한 투구로 선발 로테이션을 지켜나갔다. 7월에 열린 올스타전에는 11번째로 출전했다. 이것은 LA 에인절스 마이크 트라웃과 함께 역대 최다 기록이었다. 하지만 모든 것에는 시작이 있으면 끝도 있는 법이다. 커쇼는 9월 18일 올 시즌을 끝으로 은퇴를 공식 선언했다. 커쇼는 "한 팀에서만 뛰다 은퇴한다는 게 목표였다"며 다저스와 20년을 함께한 것에 자부심을 나타냈다. 선수로 마지막으로 등판한 9월 28일 시애틀전에서는 5.1이닝 무실점 투구로 승리를 거두며 유종의 미를 이루어냈다.

연도	경기	선발	이닝	실점	자책	볼넷	탈삼진	승	패	ERA
2018	26	26	161.1	55	49	29	155	9	5	2.73
2019	29	28	178.1	63	60	41	189	16	5	3.03
2020	10	10	58.1	18	14	8	62	6	2	2.16
2021	22	22	121.2	51	48	21	144	10	8	3.55
2022	22	22	126.1	36	32	23	137	12	3	2.28
2023	24	24	131.2	39	36	40	137	13	5	2.46
2024	7	7	30	19	15	9	24	2	2	4.50

FOUL FOUL FOUL STRIKE

1구 포심 패스트볼
2구 포심 패스트볼
3구 커브

커쇼와 오타니의 첫 맞대결

KERSHAW vs OHTANI

STORY 메이저리그 스프링 트레이닝은 애리조나와 플로리다 양쪽에서 매년 2월에 시작된다. 선수들은 오랜 휴식과 개인 훈련 후 팀에 복귀하기에 3월 초까지는 크게 무리하지 않고 서서히 페이스를 끌어올리는 것이 일반적이다. 실전 투수도 2, 30분 정도, 타자 역시 두 타석 정도를 소화하고 교체되는 것이 차이이다. 하지만 2018년 3월 7일, 당시 11년 차 메이저리거였던 커쇼의 동료는 평소보다 큰 관심을 모았다. 태평양을 건너 메이저리그에 도전하는 일본의 이구 천재영이 예정되어 있었기 때문이다. 바로 오타니 쇼헤이였다. 이날 오타니는 선발 라인업 7번 타순에 지명타자로 이름을 올려에 두 타석을 소화했는데 첫 대결이 바로 커쇼를 상대로 한 것이었다. 경기에 있는 모두의 시선이 두 선수에게 쏠린 가운데 예상답게 빠르게 꿈이 났다. 경기 후 커쇼는 "특별한 일이다. 고작 스프링 트레이닝 타석 중 하나였을 뿐"이라며 기뻐게 넘겼지만, 이들의 대결은 그 자체로 큰 화제였다. 당시 LA 다저스 공식 소셜 미디어 채널은 마지막 커브 투구 영상을 옮로 투구 "소스톱퍼(Showstopper)"라는 설명을 덧붙였다. 이는 오타니의 이름 '쇼헤이'에서 연상되는 show와 고기 지는 스타일에 착안한, 커쇼의 커브가 그 '쇼'를 멈춰 세웠다는 의미를 담은 표현이다. 미국 특유의 언어유희가 빛난 순간이었다.

	타자	상대 투구수	통산 상대 타석	통산 상대 타수	통산 안타	통산 타율
1	덱스터 파울러	222	55	51	20	.392
2	도노반 솔라노	135	34	32	12	.375
3	알버트 푸홀스	200	45	39	14	.359
4	코디 로스	127	30	26	9	.346
5	크리스찬 옐리치	108	31	27	9	.333
6	제이슨 워스	152	36	32	10	.313
7	브랜든 필립스	115	30	29	9	.310
	찰리 블랙먼	301	77	71	22	.310
8	크리스 오윙스	123	37	36	11	.306
9	라이언 짐머맨	130	35	33	10	.303

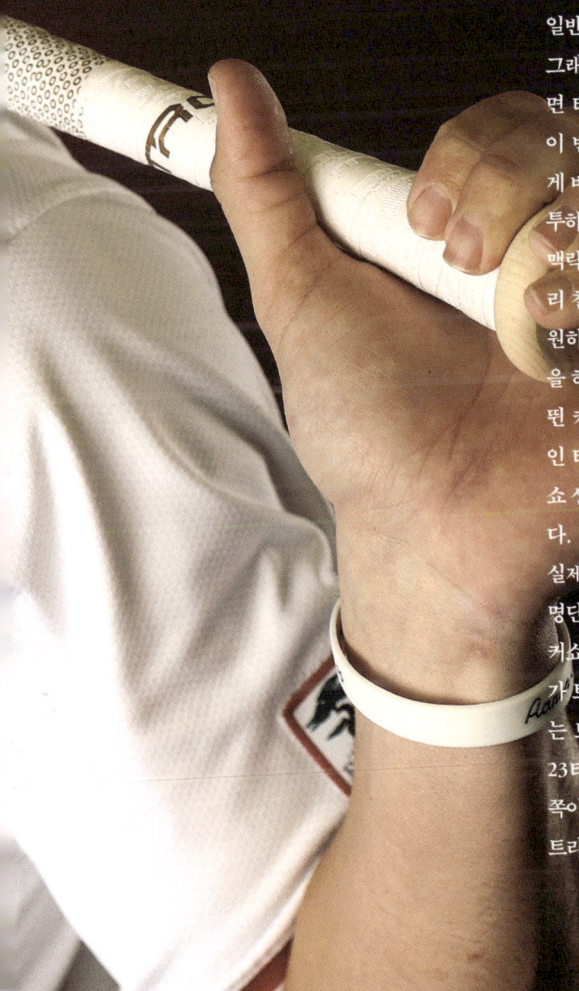

일반적으로 타자는 생소한 투수를 상대로 더 큰 어려움을 겪는다. 안 그래도 '열 번 중 일곱 번은 투수가 이기는 게임'에서, 낯섦이 더해지면 타자들이 애를 먹는 것은 당연한 일이다. 그러나, 몇 번의 맞대결이 반복되면 타자가 결국 적응하고, 투수가 우위에 있던 흐름은 그렇게 바뀌곤 한다. 최근 메이저리그에서 타순이 여러 차례 돌면, 설령 호투하고 있던 투수라 하더라도 감독이 교체 결정을 내리는 것도 같은 맥락이다. 하지만 최고들이 모인 리그에서도 '에이스'는 다르다. 아무리 철저히 준비하고 몇 번을 다시 만나도 타자는 늘 고전하게 되고, 영원히 풀리지 않는 수수께끼나 출구 없는 미로를 헤매는 것 같은 경험을 하게 된다. 커쇼를 만난 타자들이 그랬다. 빅리그에서 20년 가까이 뛴 커쇼가 30차례 이상 만난 타자들 가운데, 통산 피안타율이 3할대인 타자는 14명이 전부였다. 만일, 이 범위를 50차례로 넓힌다면, 커쇼 상대 통산 타율 3할 타자는 덱스터 파울러와 찰리 블랙먼이 유이하다. 커쇼는 그야말로 먹이사슬의 꼭대기에 있는 '포식자'였다. 다만 실제 성적과는 별개로 커쇼가 직접 밝힌 '가장 까다로웠던 타자'는 이 명단에 없는 선수였다. 바로 LA 에인절스의 스타, 마이크 트라웃이다. 커쇼는 2020년 인터뷰에서 자신이 상대한 타자 중에 가장 힘든 상대가 트라웃이었다며 "오늘날 야구계 최고의 선수"로 치켜세웠다. 커쇼는 트라웃과 통산 9경기에서 만나 한 차례 홈런을 허용하긴 했지만 23타수 4안타로 피안타율이 .174에 불과했다. 숫자만 놓고 보면 투수쪽이 일방적인 우위를 점한 것 같지만, 실제 '사냥'을 하는 커쇼에게 트라웃은 그 존재만으로도 쉽지 않은 상대였다.

커쇼를 상대로 유독 고전했던, 커쇼가 '최악의 천적'이었던 타자들은 누구였을까? 커쇼를 상대로 타석에 들어서는 것 자체가 힘든 일이었지만, 그중에서도 가장 고전했던 타자는 안드레스 토레스였다. 2010년부터 2013년까지, 네 시즌 간 매년 커쇼를 만난 토레스는 단타만 두 차례 얻었을 뿐 커쇼를 상대로 가장 고전한 메이저리그 타자였다. 타율 기준으로는 가까스로 최하위를 모면했지만, 그 누구보다 커쇼에게 농락당한 타자는 브랜든 벨트였다. 벨트는 2011년 3월 31일, 커쇼와의 통산 첫 번째 맞대결에서 내야 안타를 얻으며 운이 따랐지만, 행운은 거기까지였다. 통산 두 번째 안타는 452일의 기다림 끝에 2012년 6월 26일에서야 간신히 나왔는데, 커쇼를 상대로 친 처음이자 마지막 2루타였다. 세 번째 안타는 그다음 달이었던 2012년 7월 29일에 금방(?) 나왔지만, 그 대가는 컸다. 커쇼 상대 통산 네 번째이자 마지막 안타가 약 6년 후인 2018년 3월 29일에 나온 것이다. 이날을 끝으로, 벨트는 커쇼를 상대로 단 하나의 안타도 추가하지 못했다. 게다가 벨트는 커쇼와의 맞대결에서 두 번에 한 번꼴로 삼진을 당한 탓에 통산 삼진은 30개나 됐다. 커쇼가 특정 선수를 상대로 가장 많은 탈삼진을 거둔 타자가 바로 벨트였다. 커쇼 상대 통산 타율이 세 번째로 저조했던 브랜든 크로포드의 처지도 크게 다르지 않았다. 가까스로 상대 타율 1할을 넘겼지만, 2017년 9월 24일 (현지 시각 기준) 커쇼를 상대로 기습 번트를 시도하다 그마저도 실패해 균형을 잃고 앞으로 쓰러진 장면은, 그가 커리어 내내 얼마나 처절한 싸움을 벌였는지 알 수 있는 장면이었다. 이들의 공통점은 모두 다저스와 라이벌 관계에 있는 자이언츠 소속 선수들이었다는 것이다. 그리고 상대 주축 선수들을 압도하는 기록과 함께, 커쇼는 커리어를 통틀어 샌프란시스코를 상대로 가장 강한 모습을 보였다. 30차례 이상 상대한 특정팀 상대 통산 최다 이닝(404.1), 최저 평균자책점(2.00), 최다 탈삼진(426) 모두 자이언츠를 상대로 쌓은 기록이다. 또한 커쇼의 생애 첫 완봉승 역시 자이언츠전에서 얻은 것이었다(2010년 9월 14일). 라이벌전에서 유독 강했던 커쇼의 모습은, 다저스 팬들 사이에서 더 큰 명성과 지지를 얻을 수 있었던 또 다른 이유였다.

RECORD
커쇼 상대 통산 최저 타율 순위

	타자	상대 투구수	상대 타석	상대 타수	안타	타율
1	안드레스 토레스	159	39	34	2	.059
2	브랜든 벨트	290	67	62	4	.065
3	브랜든 크로포드	191	51	48	6	.125
4	스탈린 카스트로	138	37	36	5	.139
5	카메론 메이빈	144	39	34	5	.147
6	에릭 아이바	104	30	27	4	.148
7	저스틴 업튼	185	50	47	7	.149
8	마틴 프라도	158	41	40	6	.150
9	드류 스텁스	167	42	39	6	.154
10	윌 마이어스	235	55	49	8	.163

* 타석 기준 30차례 이상 맞대결한 타자 한정

2014	**3. 30**	왼쪽 어깨 염좌 **15일 DL**
2016	**7. 1**	허리 디스크 **60일 DL**
2017	**7. 24**	허리 염좌 **10일 DL**
2018	**5. 6**	왼쪽 이두근 건염 **10일 DL**
	6. 1	허리 위화감 **10일 DL**
2019	**3. 28**	왼쪽 어깨 염증 **10일 DL**
2020	**7. 23**	허리 통증 **10일 DL**
2021	**7. 7**	왼쪽 팔꿈치 통증 **10일 DL**
	10. 2	왼쪽 팔 통증 **10일 DL**
2022	**5. 13**	오른쪽 천장관절염증 **15일 DL**
	8. 5	허리 통증 **15일 DL**
2023	**7. 3**	왼쪽 어깨 통증 **15일 DL**
	11. 3	왼쪽 어깨 **수술**
2024	**3. 4**	왼쪽 어깨 재활 **60일 DL**
	8. 31	왼쪽 발가락 통증 **15일 DL**
	11. 7	왼쪽 무릎과 발가락 **수술**

RECORD
주요부상일지

COLUMN

2025년 2월 13일 다저스와 재계약을 맺은 커쇼는 수술 후 재활을 거쳐 5월 17일 LA 에인절스전에 선발 등판 하며 메이저리그에 복귀했다. 다만 복귀 후 승리라는 드라마와 같은 일은 일어나지 않았다. 4이닝 5실점 하는 부진한 투구. 경기 후 인터뷰에서 커쇼는 "마운드에 다시 돌아와 기쁘다"라면서도 "제구가 불안했다"라며 아쉬움을 토로했다. 그래도 "다시 제구를 잡을 수 있으므로 긍정적으로 생각하고 있다"라고 부활에 대한 강한 의지를 나타냈다. 그러나 그의 강한 의지와는 달리 커쇼가 메이저리그 마운드에 적응하는 데는 시간이 필요했다. 4번째 경기까지는 만족스러운 투구 내용을 보여주지 못했지만, 그래도 6월 8일 세인트루이스 카디널스전부터는 괜찮은 모습을 보여주었다. 과거와 같은 압도적인 투구는 아니지만 안정적인 제구와 풍부한 경험을 앞세워 다저스 선발진의 한 축을 담당하고 있다. 특히 7월 2일 시카고 화이트삭스전에서는 삼진 3개를 추가하며 개인 통산 3,000탈삼진을 달성했다. 역대 20번째다. 2787.2이닝 만에 3,000탈삼진을 기록한 것은 역대 4번째로 빠른 기록이었다. 커쇼보다 적은 이닝에 3,000탈삼진을 달성한 선수는 월터 존슨(2,470.2이닝), 맥스 슈어저(2,516이닝), 페드로 마르티네즈(2,647.2이닝)밖에 없다. 최근 메이저리그 투수들의 탈삼진은 상승 곡선을 그리고 있다. 그런데도 3,000탈삼진은 앞으로 쉽게 도달하지 못할 대기록으로 평가받고 있다. 왜냐하면 과거보다 더 강력한 공을 던지는 만큼 부상으로부터 자유롭지 않기 때문이다. 투구 속도의 증가는 팔꿈치와 어깨 부상으로 이어질 위험성이 커, 투수들의 경기 수와 투구 이닝, 그리고 투구 수가 적어지고 있다. 그 결과, 오랜 축적의 결과물인 3,000탈삼진은 손에 닿지 않는 꿈의 영역이 되어 가고 있다. 크고 작은 부상에 시달렸지만, 높은 수준의 꾸준함을 보여준 커쇼의 투구는 그렇기에 더 특별하다.

3000K의 길

2025년 9월 1일 현재까지 커쇼의 9이닝당 탈삼진은 9.6개. 게다가, 현역 투수로는 저스틴 벌랜더에 이어 맥스 슈어저와 함께 3,000이닝 고지도 눈앞에 두고 있다. 현역 투수 중 2,000이닝 이상을 던진 투수는 커쇼를 포함해 고작 7명뿐이다. 이런 배경 속에서 3,000탈삼진은 전설의 상징일 수밖에 없다. 현역 선수 중 크리스 세일이 가장 근접하지만, 은퇴 전까지 약 470삼진을 더 잡아낼 것이라는 보장은 없다. 꾸준함과 강력함을 갖춘 커쇼와 같은 투수는 이제 다시 보기 어려운 시대에 접어들었다. 어쩌면 우리는 마지막으로 3,000 탈삼진을 잡아내고 마운드 위에서 환호하는 투수를 지켜본 것일 수도 있다. 이것이 커쇼의 위대함이고, 전설이 도달한 길이다.

STRIKEOUTS
10년 단위의 투수 9이닝당 탈삼진

| **5.0** | **5.4** | **6.2** | **6.6** | **7.7** | **8.6** |
| *1974* | *1984* | *1994* | *2004* | *2014* | *2024* |

STORY

커쇼의 메이져리그 정규시즌

마지막 등판

공의 빠르기는 예전 같지 않았다. 하지만 어떤 상황에서든 '결과'를 만들어냈다는 점에서 커쇼는 마지막까지 '커쇼다운' 투수였. 우리 날짜로 2025년 9월 29일 월요일 (이하 한국 시각), 커쇼의 경기는 자신의 커리어처럼 완벽했다. 시애틀 매리너스과의 원정 경기에 선발 등판한 커쇼는 18시즌 동안 그랬던 것처럼 타자들의 배트를 헛돌게 만들며 실점 없이 마지막 등판을 마쳤다. 최종 성적은 5.1이닝 4피안타 1볼넷 7삼진 무실점. 마지막 상대 타자였던 에우헤니오 수아레즈를 상대로 슬라이더를 던져 헛스윙 삼진을 잡아내자, 데이브 로버츠 감독은 왼팔을 들어 올리며 미리 준비한대로 팀의 1루수 프레디 프리먼에게 직접 마운드에 방문할 것을 지시했다. 이에 프리먼은 기다렸다는 듯이 마운드로 달려 나갔고 커쇼를 끌어안았다. 경기장을 가득 메운 45,658명의 시애틀 팬이 '전설' 커쇼를 향해 기립박수를 보내기 시작한 것도 그때였다. 커쇼의 마지막 해가 된 2025시즌은 더할 나위 없었다. 홈구장인 다저스타디움에서의 마지막 등판 상대는 '라이벌' 샌프란시스코 자이언츠였고, 정규시즌 총 등판 횟수는 자신의 등번호와 동일한 22번이었다. 앞서 적은 것처럼 커리어 마지막 아웃 카운트를 삼진으로 기록했는데, 커쇼는 지난 2008년 5월 26일 세인트루이스 카디널스를 상대로 한 메이저리그 데뷔전에서도 첫 타자였던 스킵 슈마커를 7구 승부 끝에 헛스윙으로 돌려세운 바 있다. 말 그대로 커쇼의 커리어는, 삼진으로 시작해 삼진으로 끝 났다.

PRAISES FOR

커쇼가 다저스의 전설이라고?
아니 그는 야구의 전설이다. 영원히.
프레디 프리먼

그는 훌륭한 경쟁자다.
나는 커쇼가 '좋은 선수'에서 '위대한 선수'로
성장해가는 여정을 지켜본 것을 영광으로 생각한다.
샌디 쿠팩스

커쇼는 아마 다저스 역사상 '마운트 러시모어'^{러시모어 산에 있는 미국 대통령 4인의 조각상}급
인물 중 하나일 것이다.
피트 알론소

마치 동화처럼 놀라운 '명예의 전당'급 커리어를 마무리하는 것을 축하한다.
나는 커쇼가 언제나 프로페셔널한 방식으로 자신의 커리어를 쌓아왔다는 점에 대해
동경하는 마음을 갖고 있었다. 그리고 그가 이룬 성공이 야구에 대한 진정한 헌신과
몰입에 따른 순수한 반영이라는 것에 대해서도 존경심을 표한다.
오타니 쇼헤이

커쇼는 정말 대단한 선수다.
7년간 한 팀에서 같이 운동하는 동안 시즌 때
단 하루도 빠짐없이 불펜 피칭이나 웨이트 트레이닝 등
항상 같은 순서로 자기 루틴을 지키며 생활하는 모습을 봤다.
커쇼를 보면서 나도 나만의 루틴을 만들게 되었다.
류현진

KERSHAW
커쇼를 향한 말말말

그는 절대 '아니오'라는 말을 하지 않았고,
팔이 아프다고 얘기하지 않았으며, 시간을 좀 더 달라는 말도 하지 않았다.
우리가 얘기하고 있는 그 선수는 바로 역대 최고의 투수 중 한 명이다.
그리고 그처럼 대단한 선수가 팀을 위해서 그렇게 이타적으로
행동할 수 있다는 것은 정말 놀라운 일이라고 생각한다.
맥스 먼시

나는 커쇼가 그와 동시대에 활약했던
같은 세대 선수들 중에서 최고의 투수라고 생각한다.
10년간 감독으로서 그와 함께 할 수 있었다는 것은 큰 행운이었다.
데이브 로버츠

커쇼는 언제나 최고였다.
그의 뒤에서 함께 플레이할 수 있었던 것은 영광이었다.
정말 엄청난 선수다.
커쇼는 당연히 명예의 전당에 올라갈 선수다.
많은 나이에도 불구하고 지금도 그가 하는 것들을 보면 정말 인상적이다.
마니 마차도

클레이튼 커쇼는 누구에게나 똑같이 대한다.
같이 있으면 즐겁다.
매일 필드에 에너지를 가져온다.
선수들은 그를 통해 힘을 얻는다.
커쇼는 훌륭한 팀메이트인 동시에 매우 훌륭한 사람이기도 하다.
프레디 프리먼

EPILOGUE

매년 수많은 선수가 메이저리그 구단들의 지명을 받고 프로의 관문을 통과한다. 하지만 그들 중 메이저리그라는 꿈의 무대에 서는 선수는 극소수에 불과하다. 그 치열한 경쟁을 뚫고 커쇼는 메이저리그에서만 18시즌을 뛰었다. 그것도 '가늘고 길게'가 아닌 '굵고 길게'였다. 커쇼는 사이 영 상을 3차례 수상하는 등 2010년대 최고 투수로 평가받고 있다. 화려한 경력, 그 속에는 타고난 재능만이 아닌 끊임없는 노력이 있었다. 그리고 그가 그라운드 안팎에서 보여준 성실함과 충성심에 팬들은 깊은 감동과 용기를 얻었다. '스타 중에 스타'였다. 하지만 그런 그에게도 정든 그라운드를 떠나야 하는 날은 어김없이 찾아왔다. 2017년 허리 부상 이후 매년 크고 작은 부상에 시달린 게 은퇴라는 두 글자로 나타났다. 하지만 데뷔부터 은퇴까지 오로지 다저스에서 뛰며 455경기에 등판해 223승 96패 평균자책점 2.53라는 뛰어난 성적을 남겼다. 물론, 메이저리그 역사상 그보다 더 뛰어난 성적을 거둔 선수는 여러 명이 있다. 하지만 그만큼 팀에 대한 충성심과 헌신을 보여준 선수는 그렇게 많지 않다. 21세기 최초의 대투수라고 평가해도 틀림없다. 아마 오랜 시간이 지난 후, 그의 현역 시절 플레이를 지켜본 팬들은 떠올릴 것이다. 스타 중의 스타의 플레이를 실시간으로 즐길 수 있어 눈에 호강했다고.

커쇼는 그런 선수였다.

Clayton
Kershaw

1ST PUBLISHED DATE 2025. 11. 14

AUTHOR Sunsoo Editors, Sonn Yun, Han Seunghoon
PUBLISHER Hong Jungwoo
PUBLISHING Brainstore

EDITOR Kim Daniel, Kim Jinho, Jeong Chaehyun, Park Hyerim
DESIGNER Champloo, Lee Yeseul
MARKETER Bang Kyunghee
E-MAIL brainstore@publishing.by-works.com
BLOG https://blog.naver.com/brain_store
INSTAGRAM https://instagram.com/brainstore_publishing
PHOTO Getty Images

ISBN 979-11-6978-067-4(03690)

Copyright © Brainstore, Sonn Yun, Han Seunghoon, 2025
All rights reserved.
Reproduction without permission is prohibited.

CLAYTON KERSHAW